Mandalas de Animales

Volumen 4

ediciones rodeno

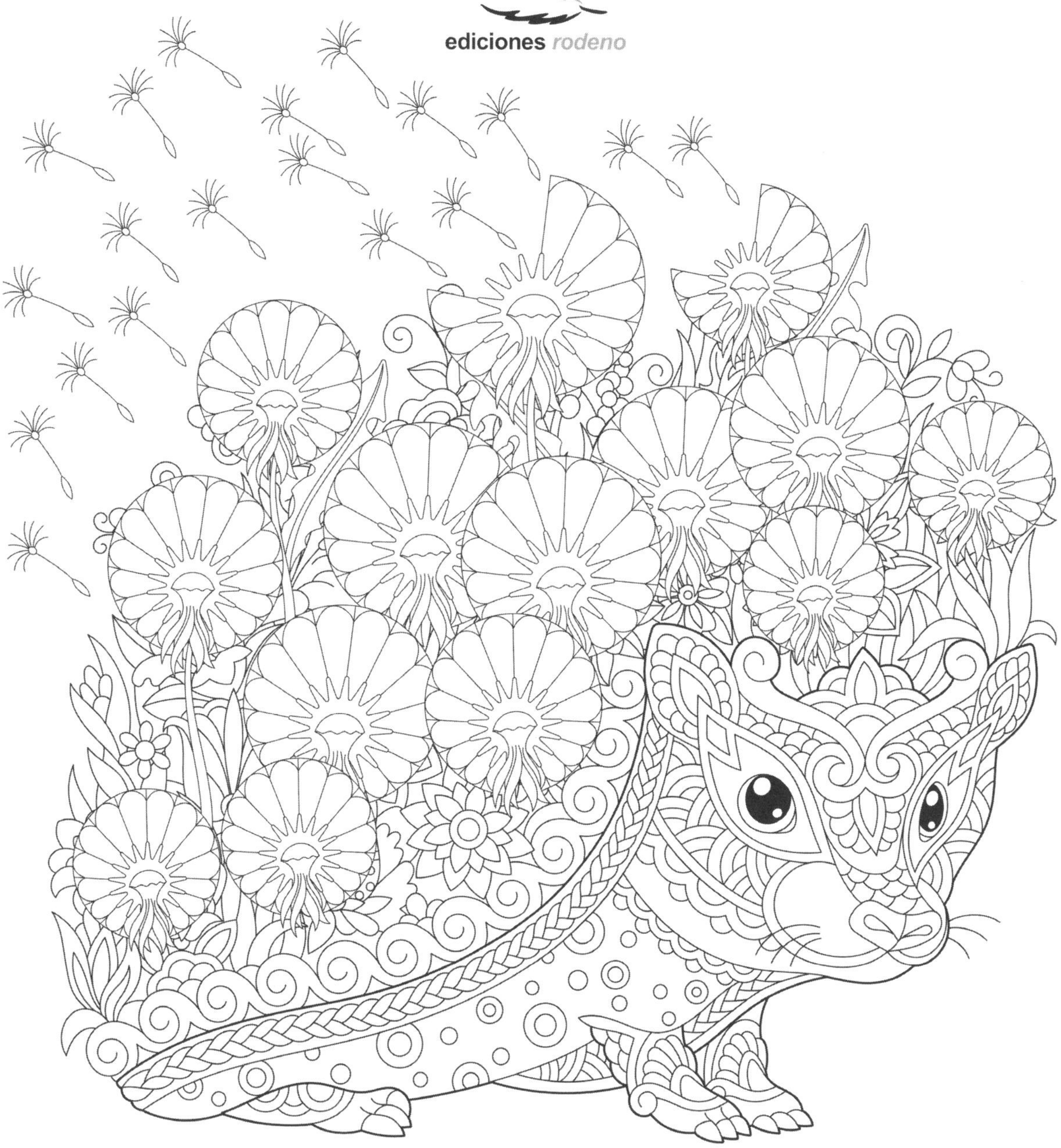

LIBRO DE COLOREAR PARA ADULTOS

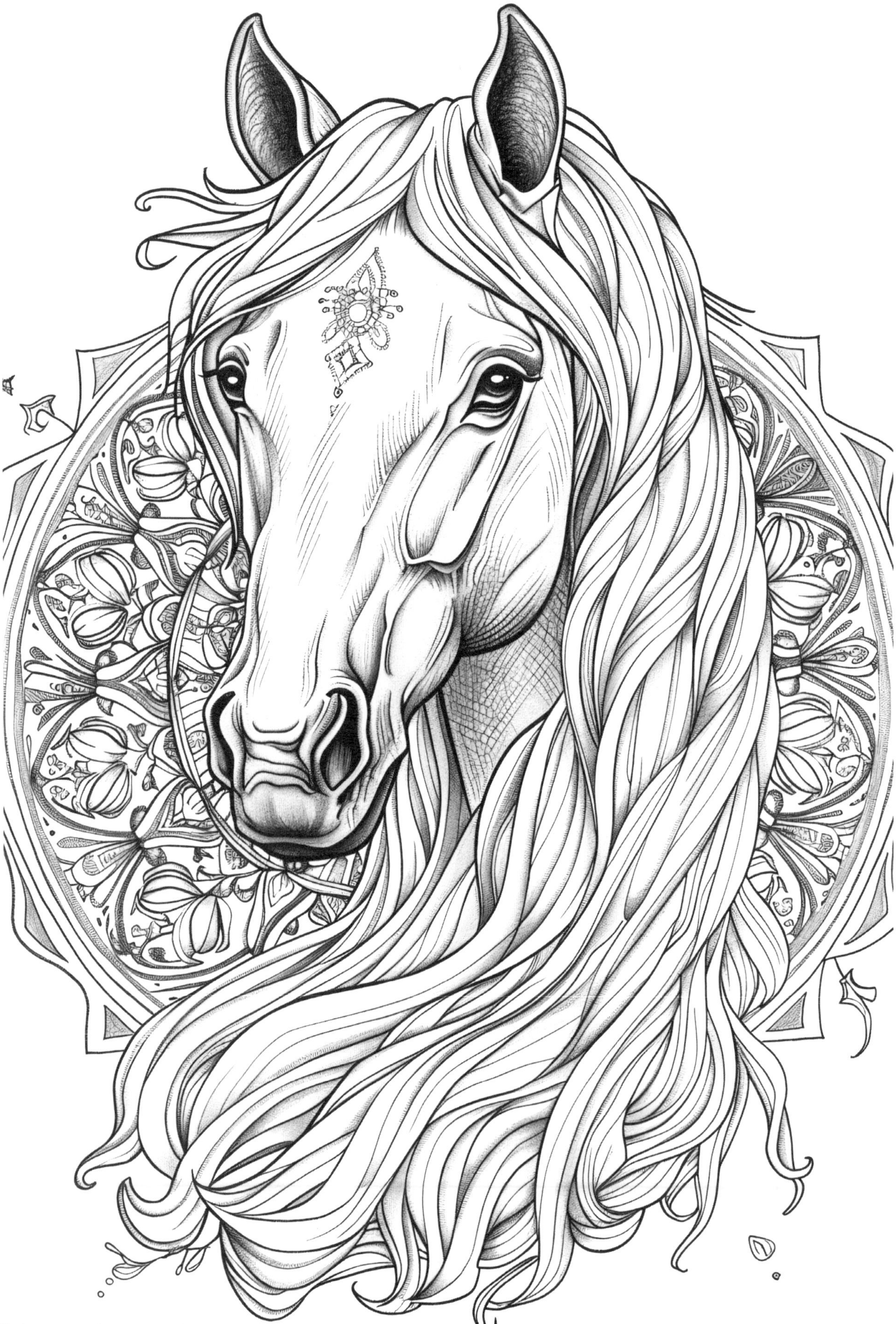

C/ Cruz roja, 11. Pta. 4
46400 Cullera (Valencia)
www.edicionesrodeno.com
ISBN: 979-13-990524-2-8

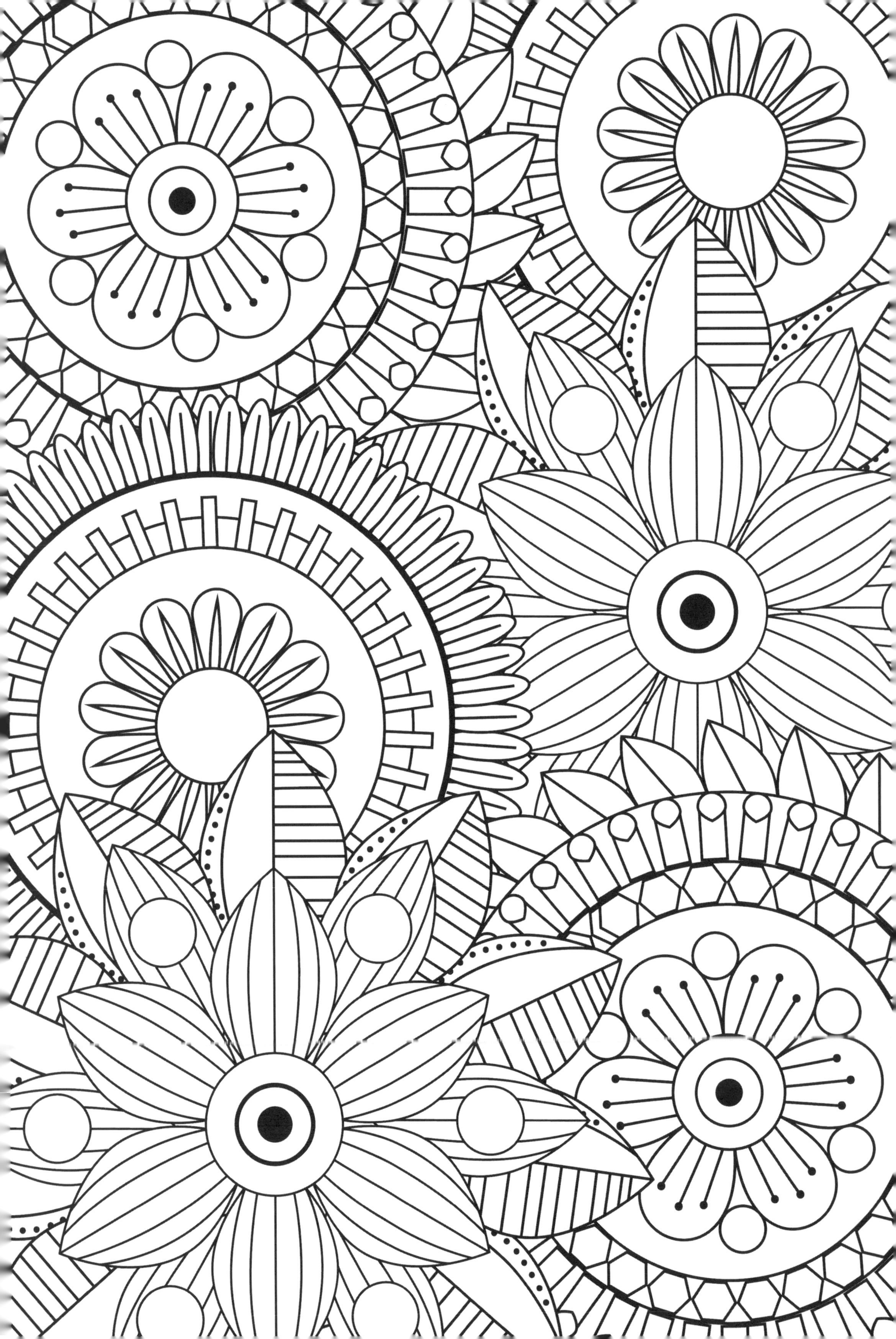

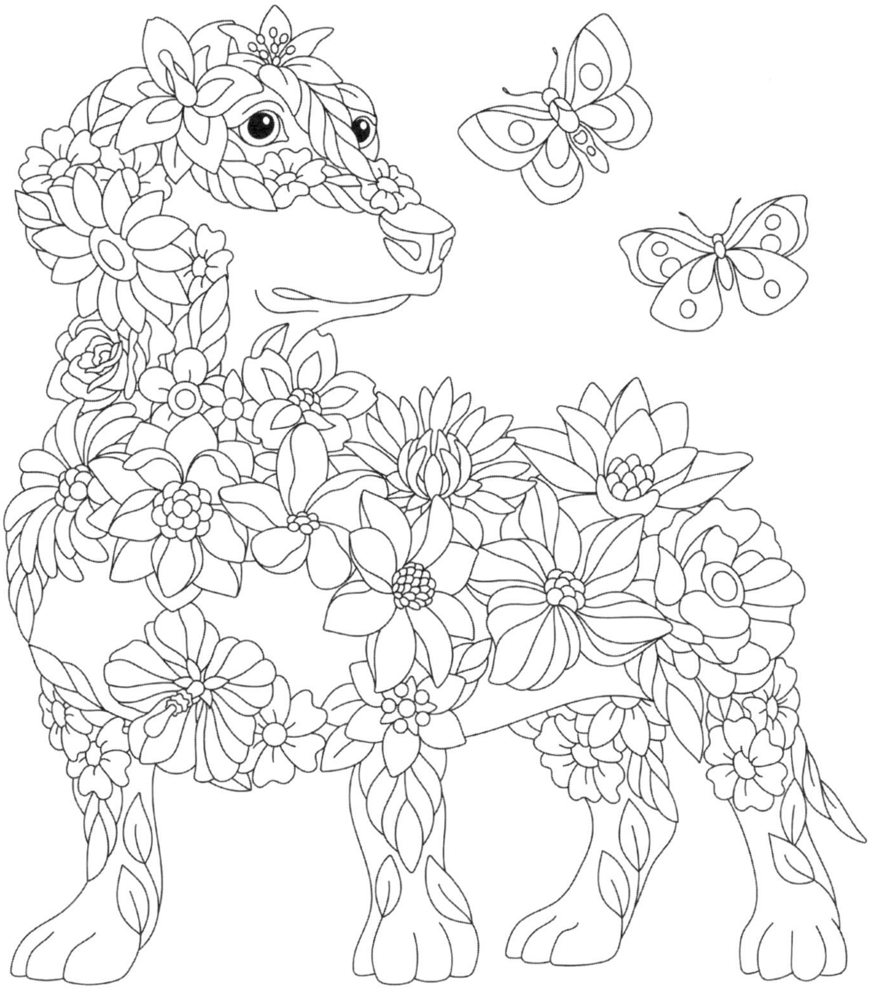

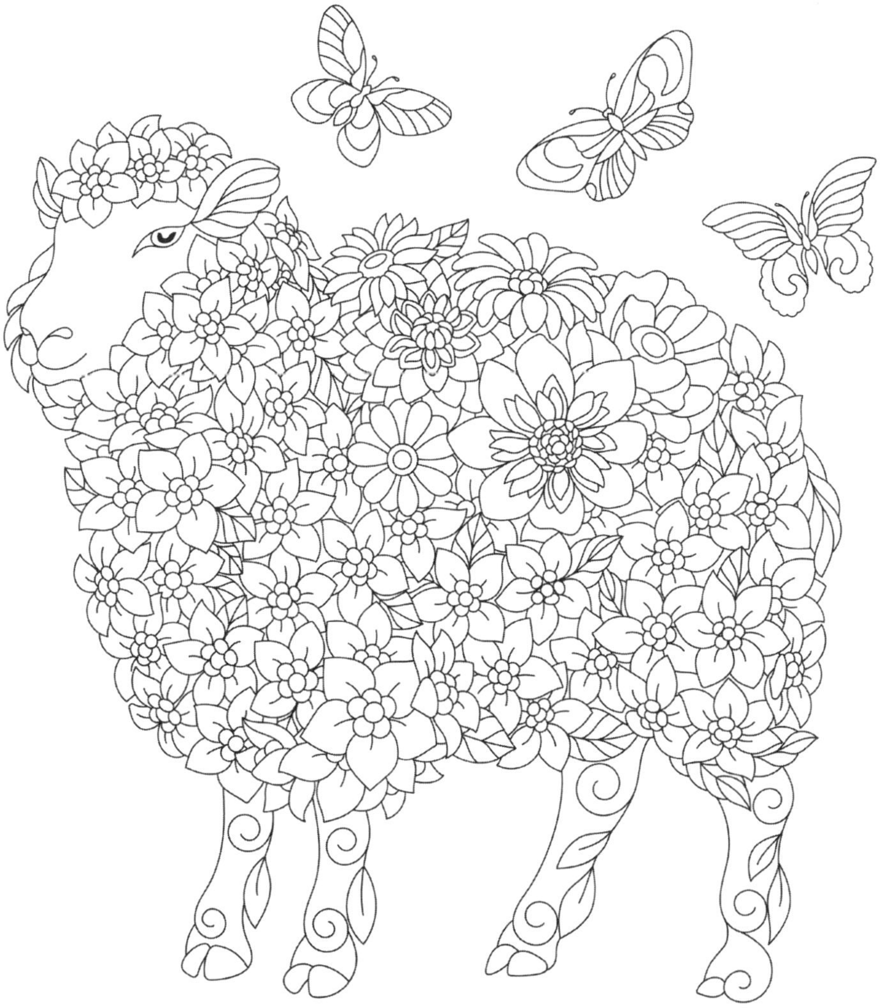

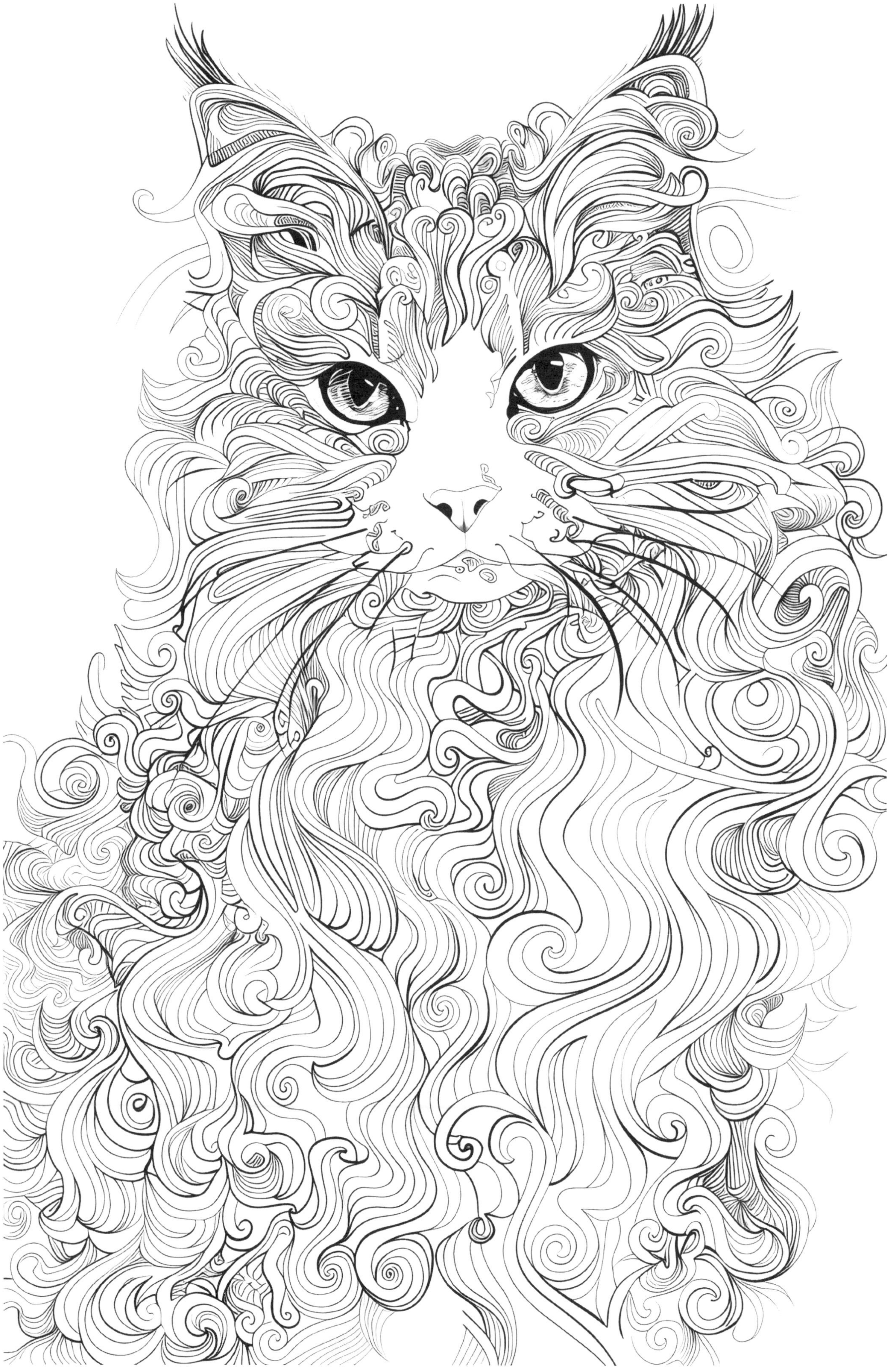

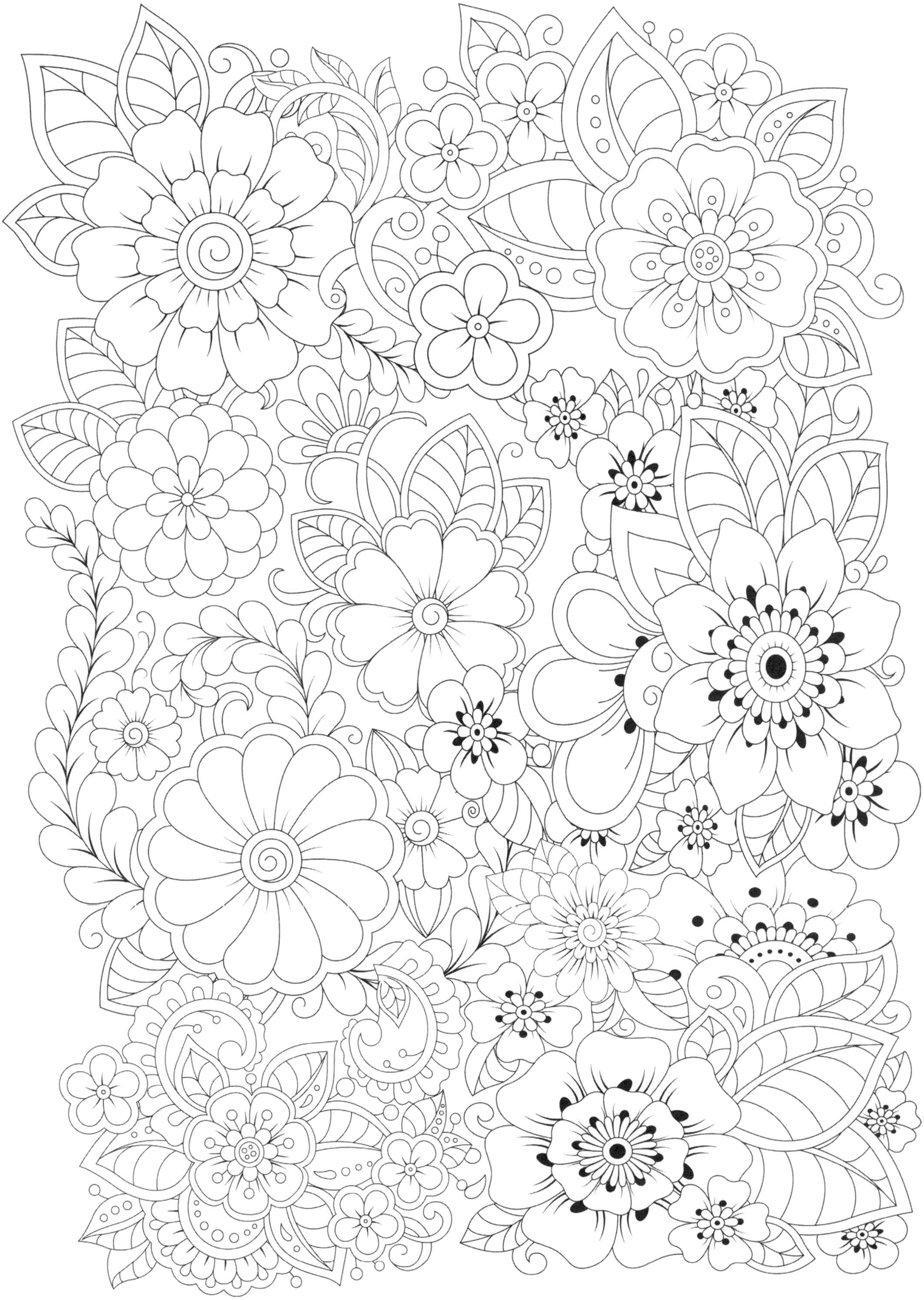

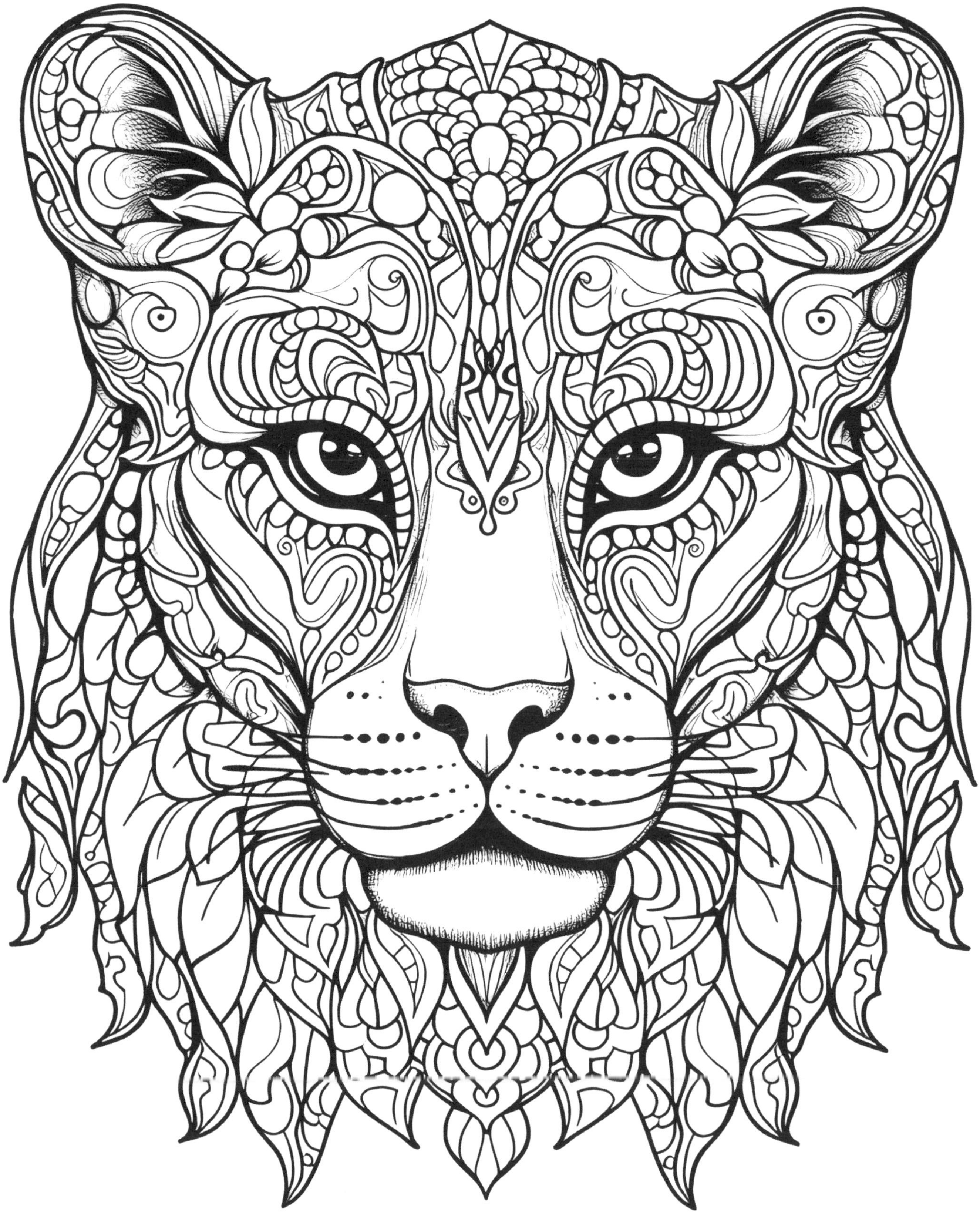

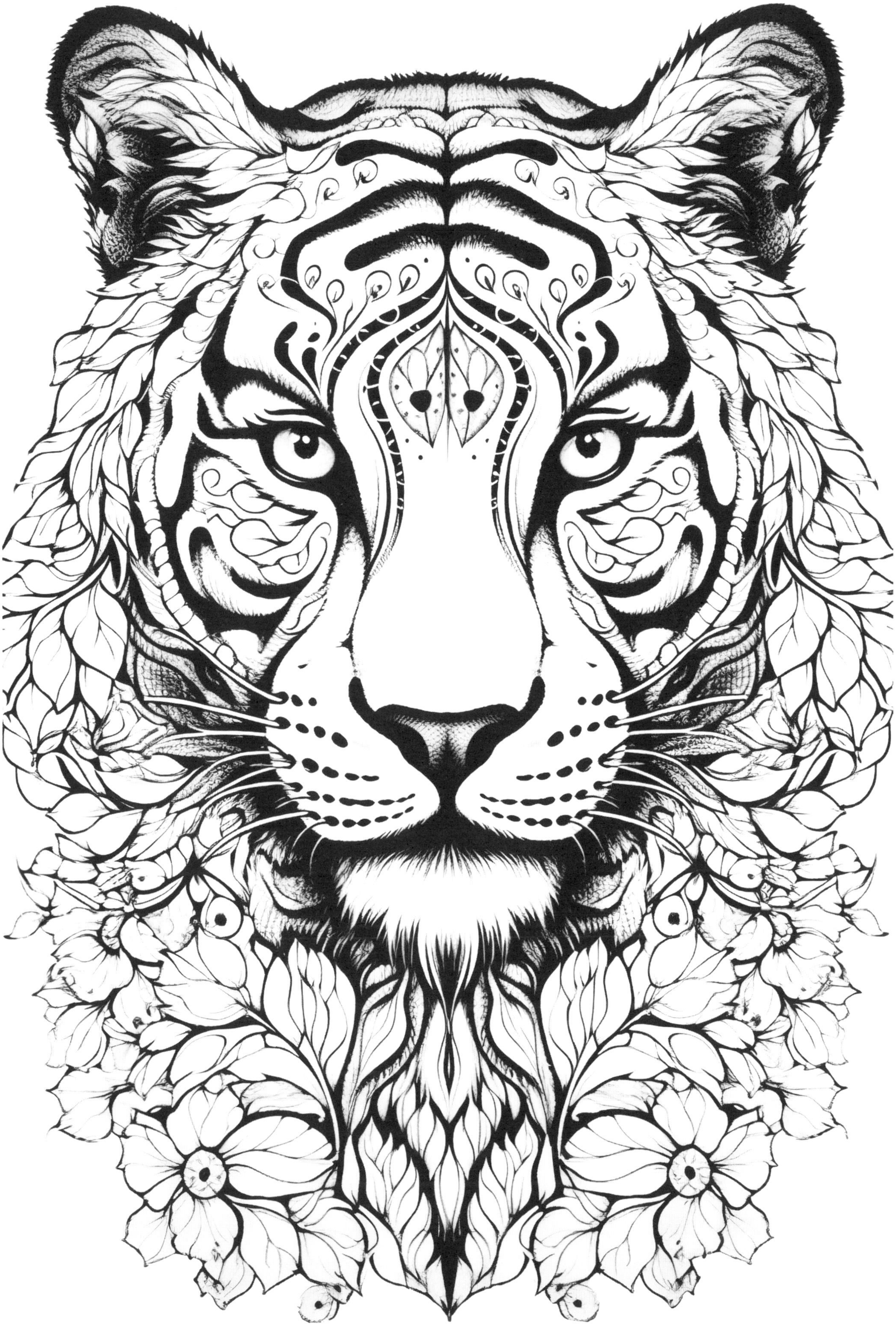

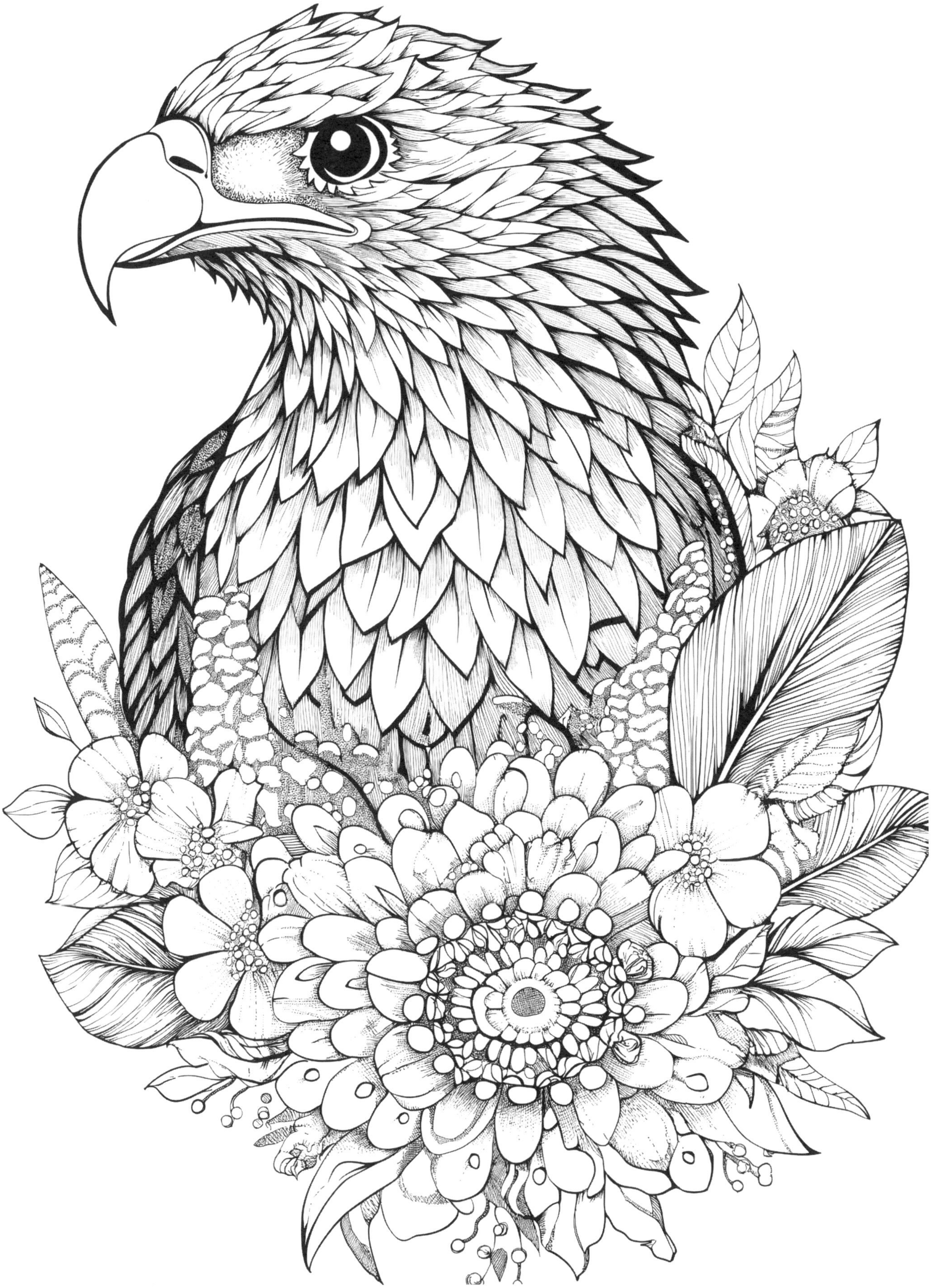

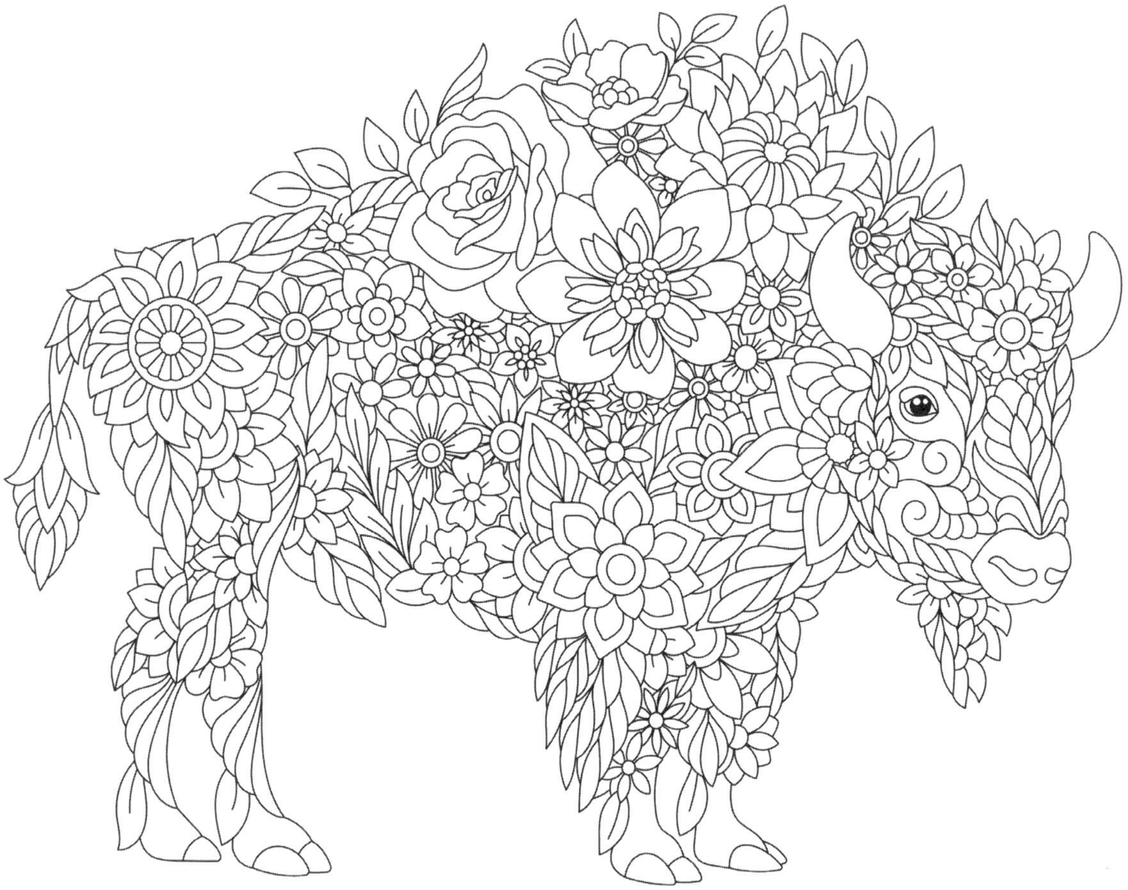

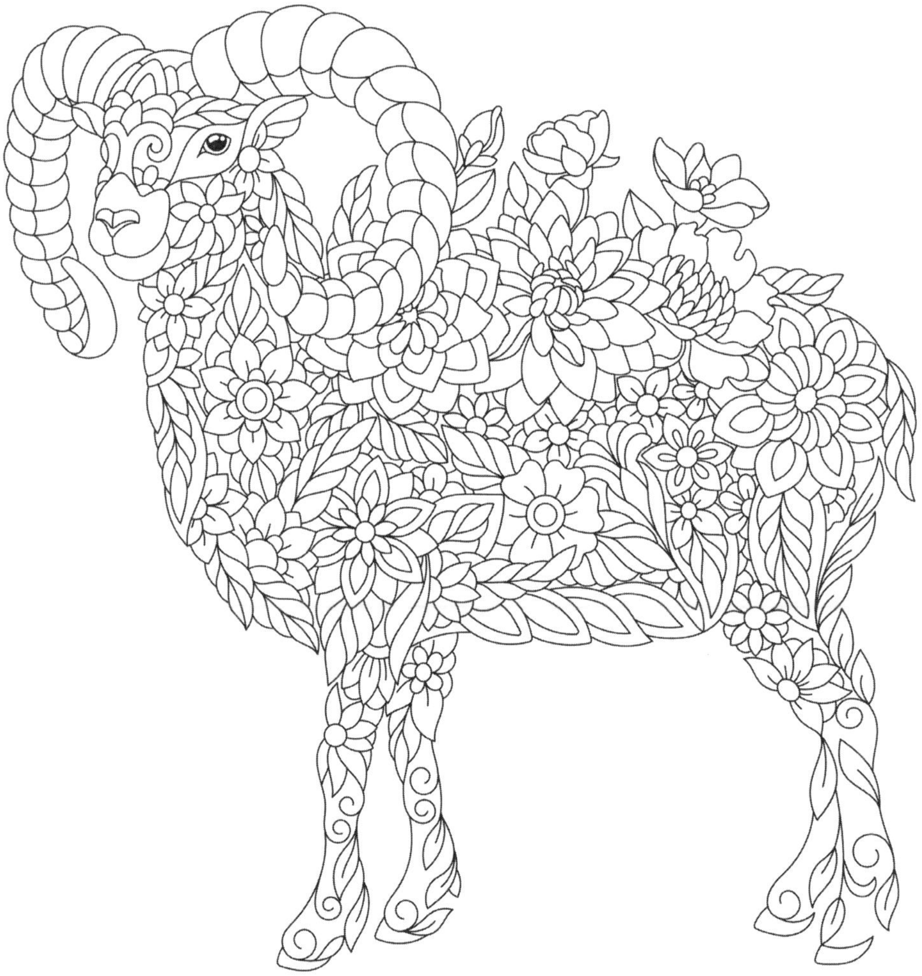

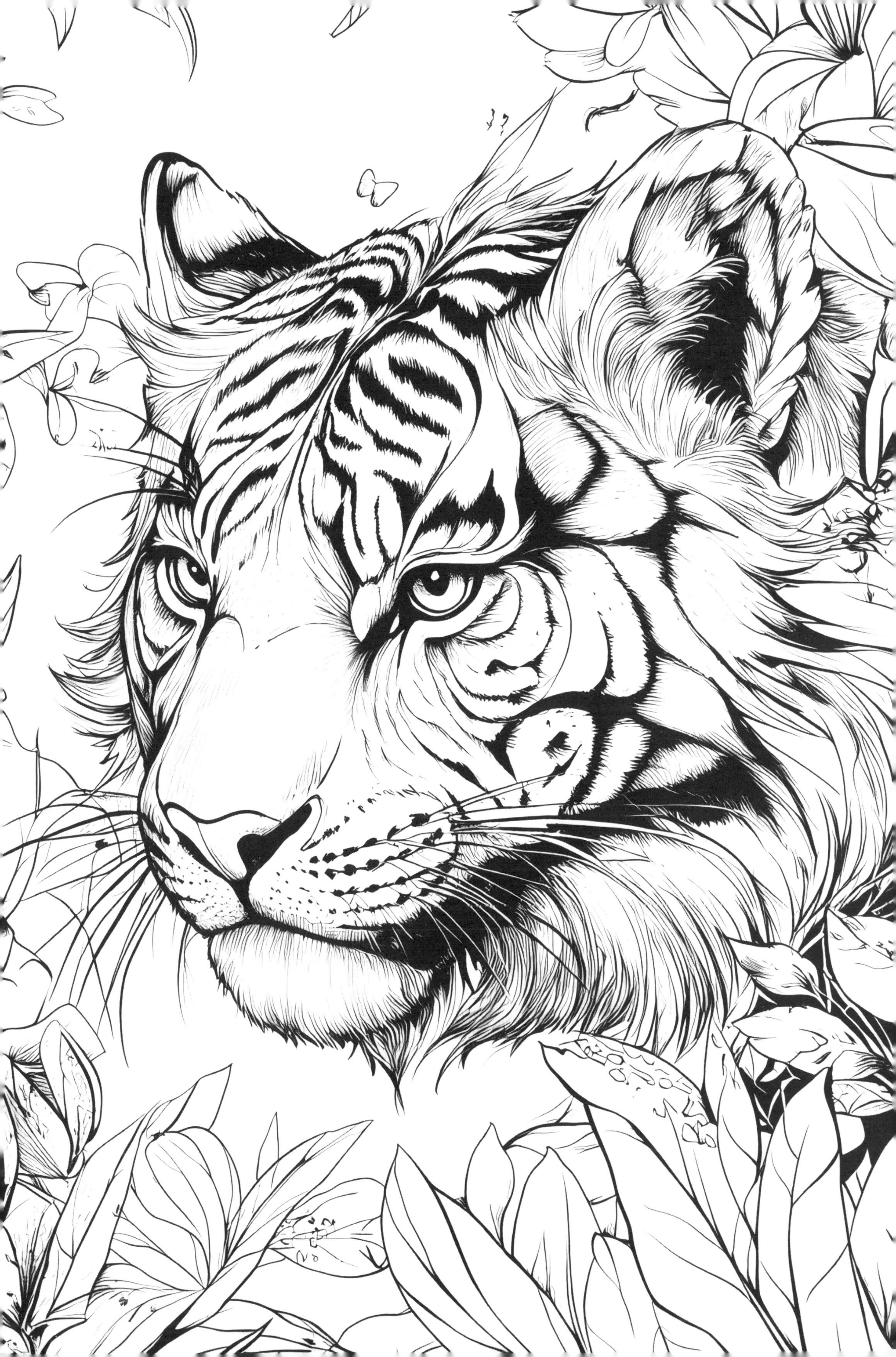

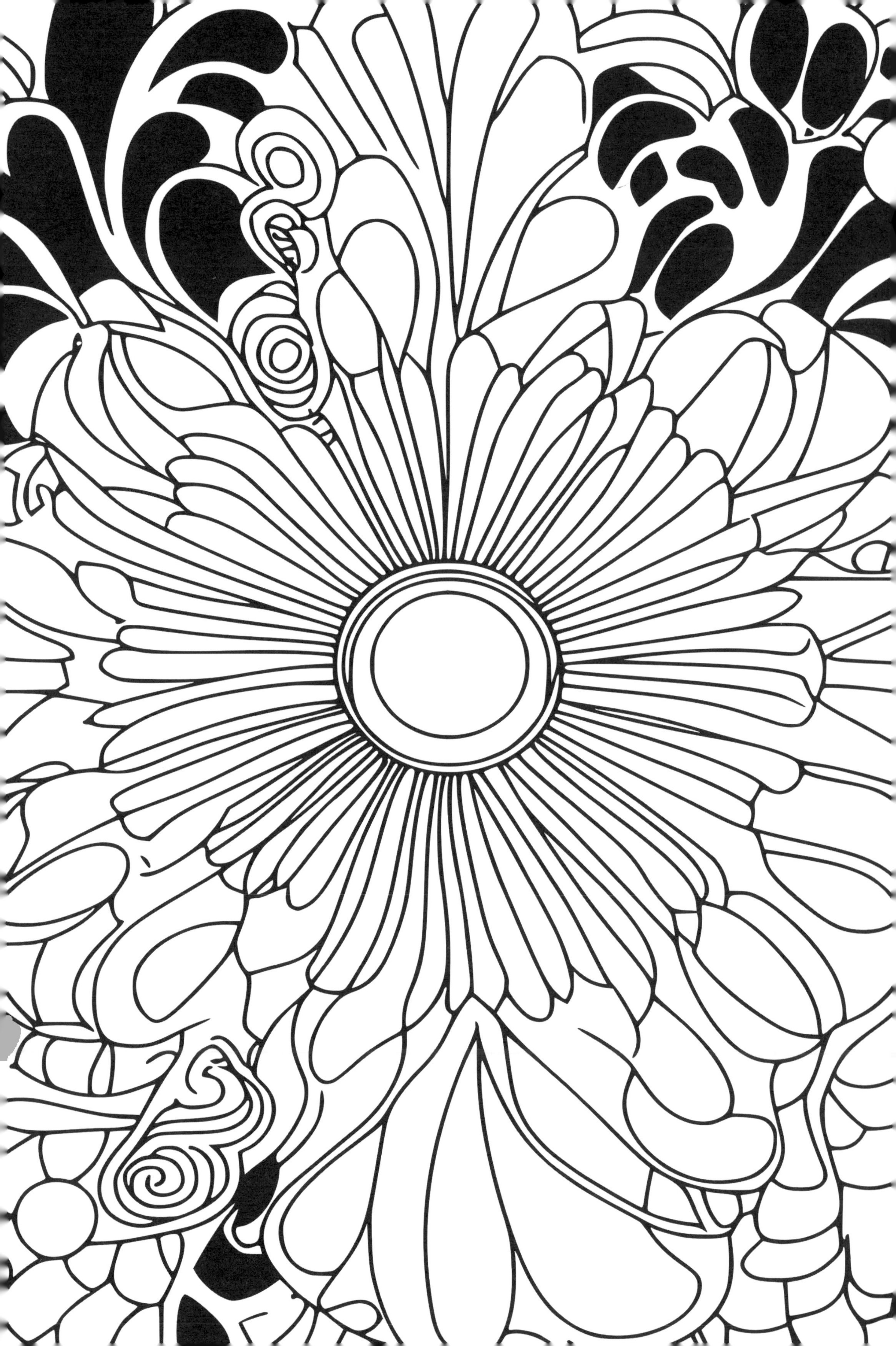

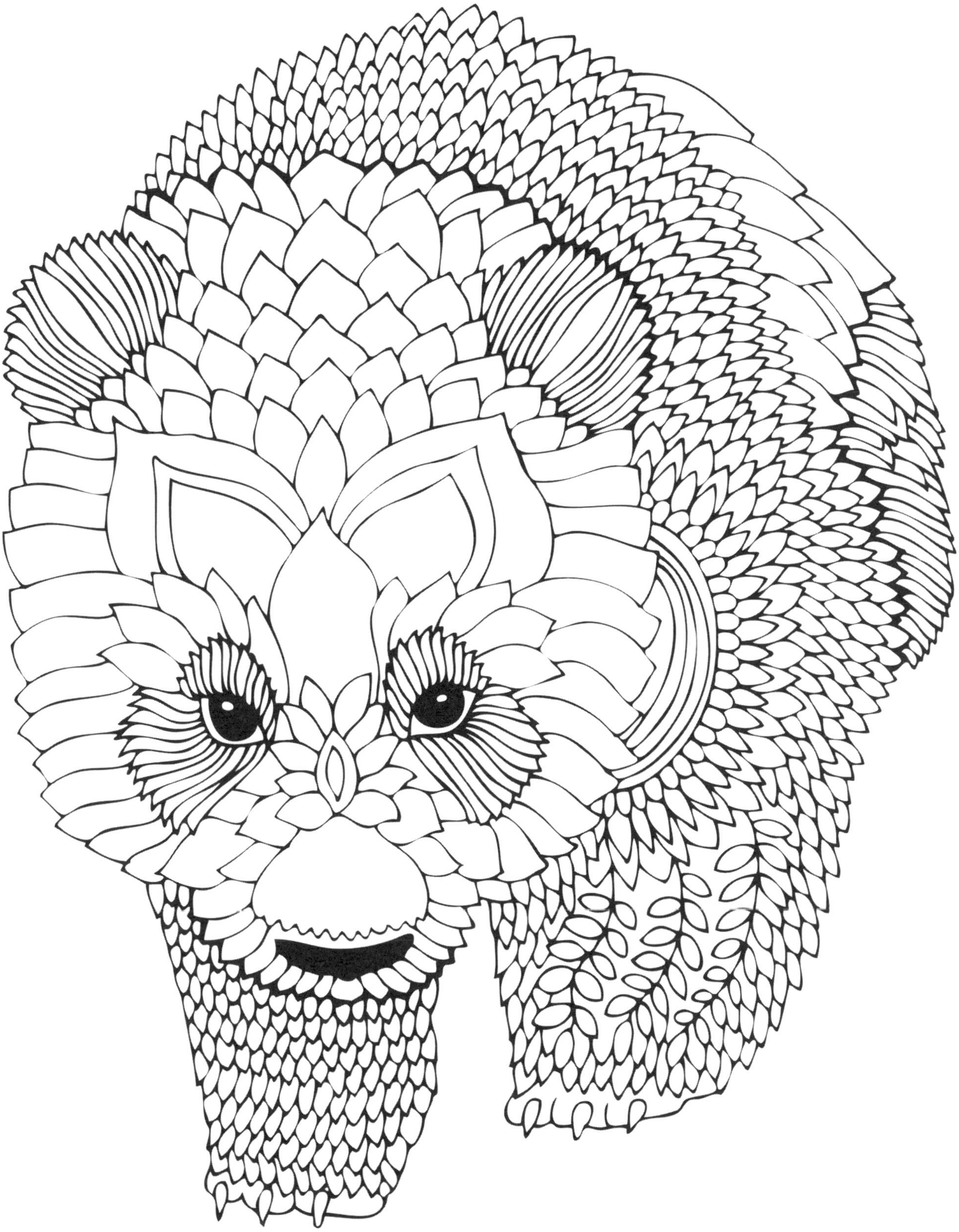

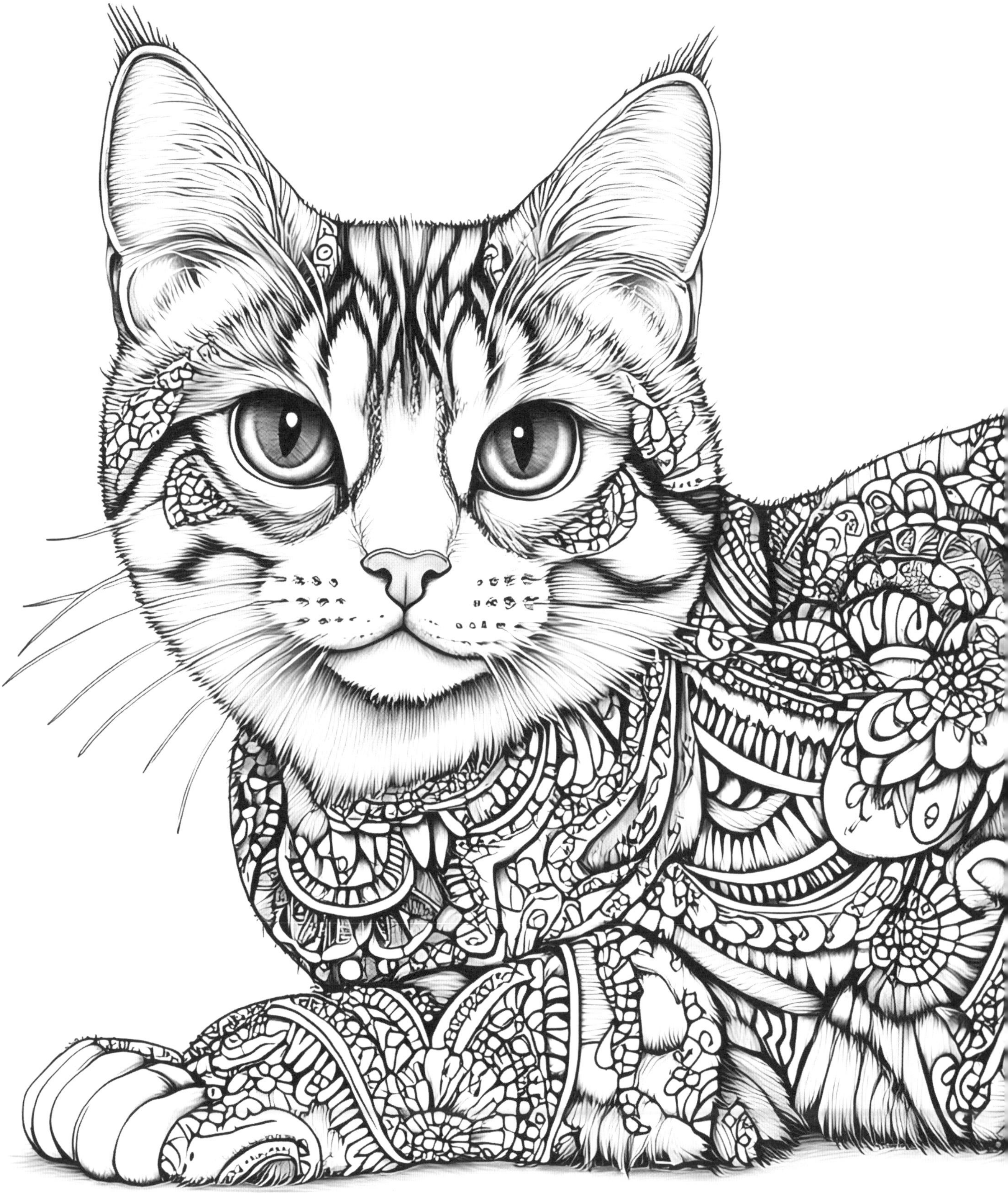

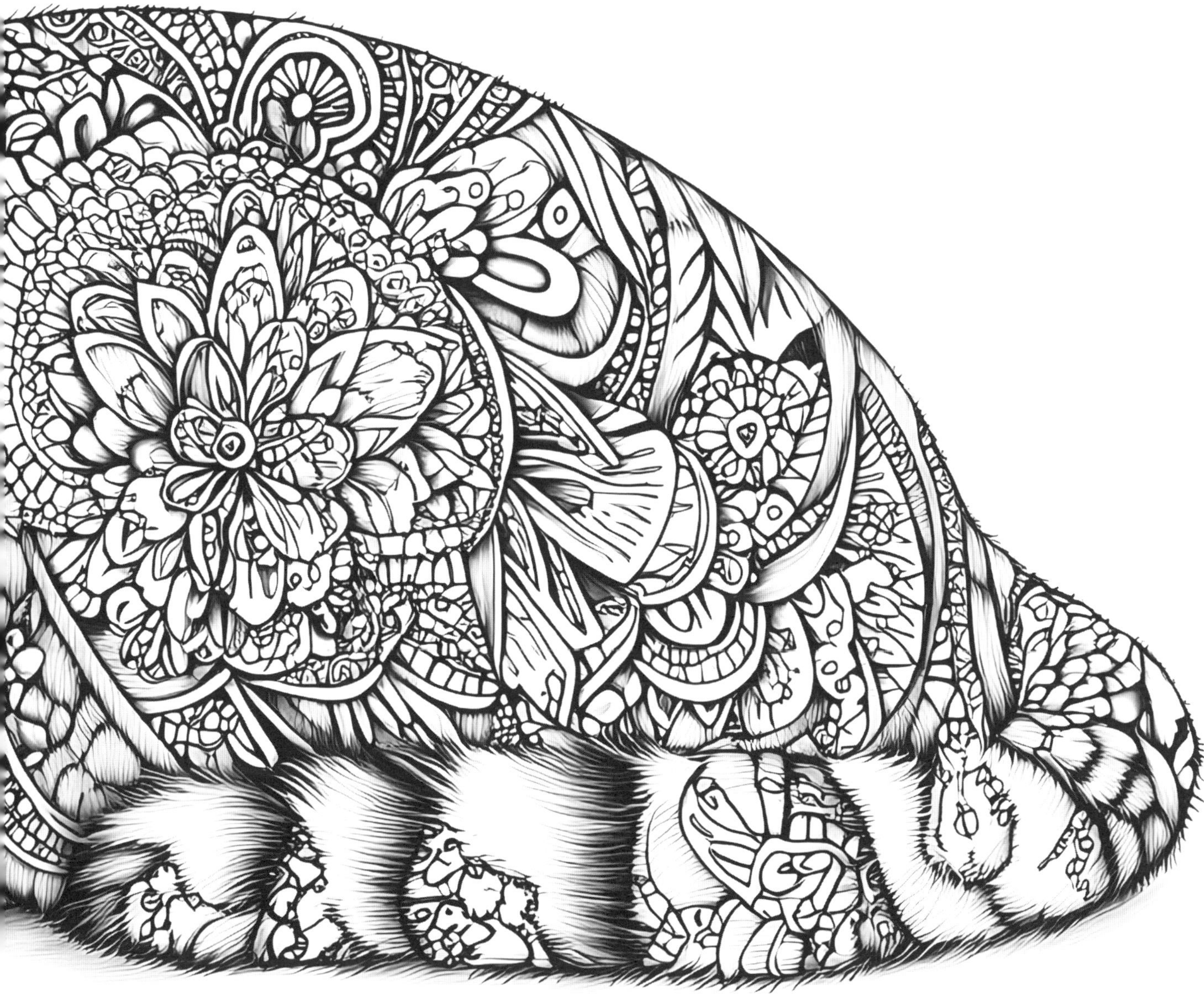

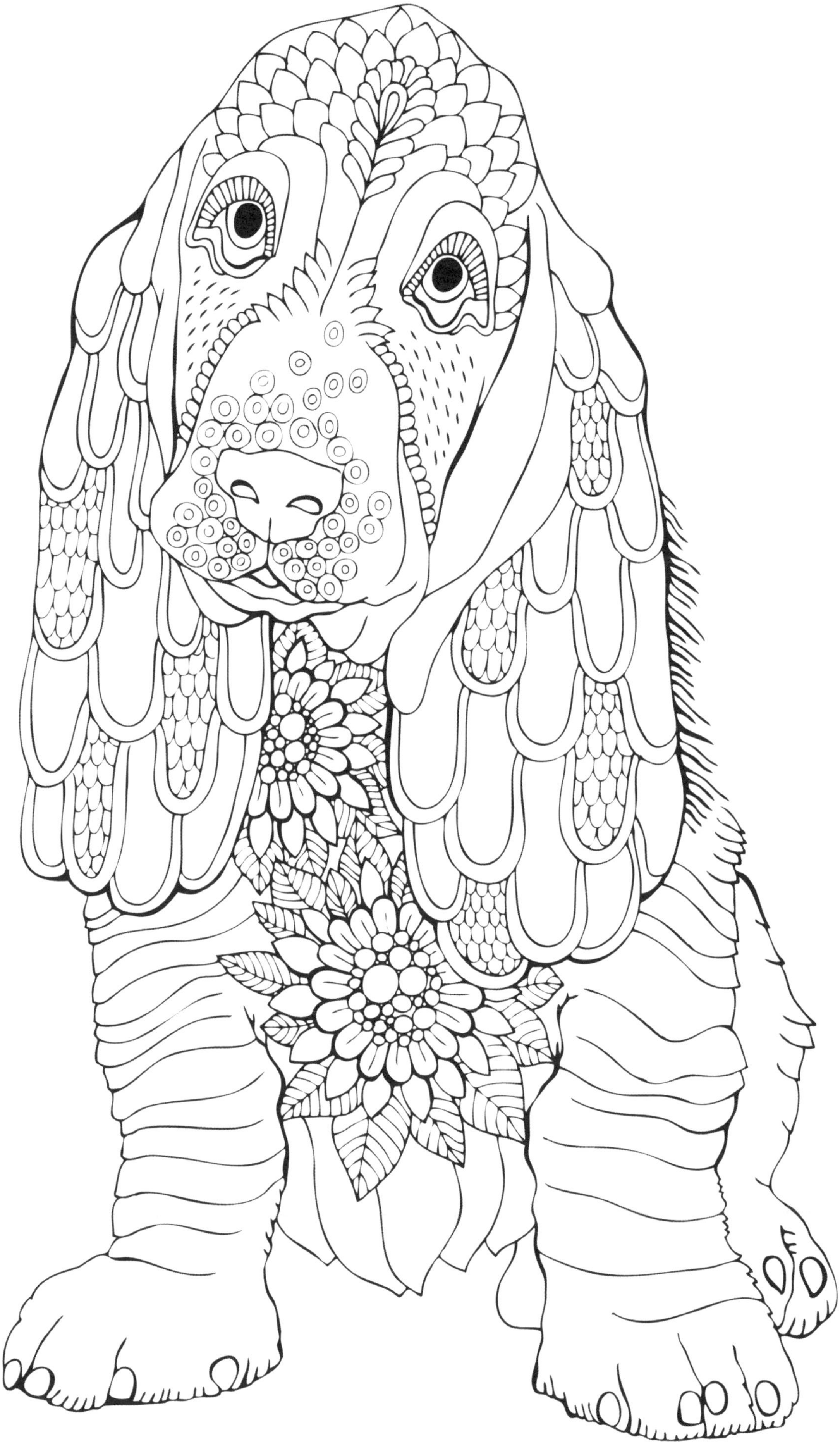

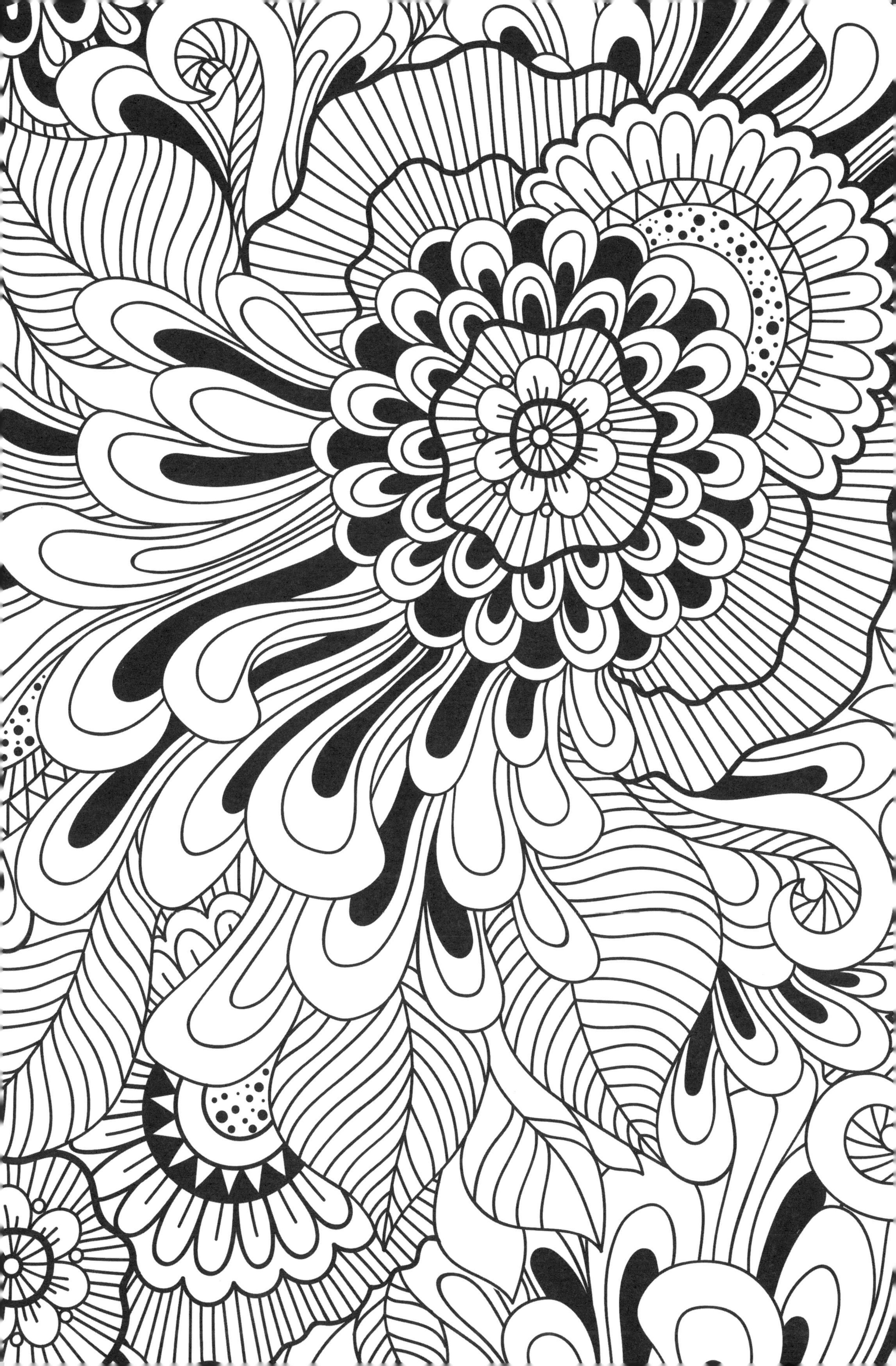

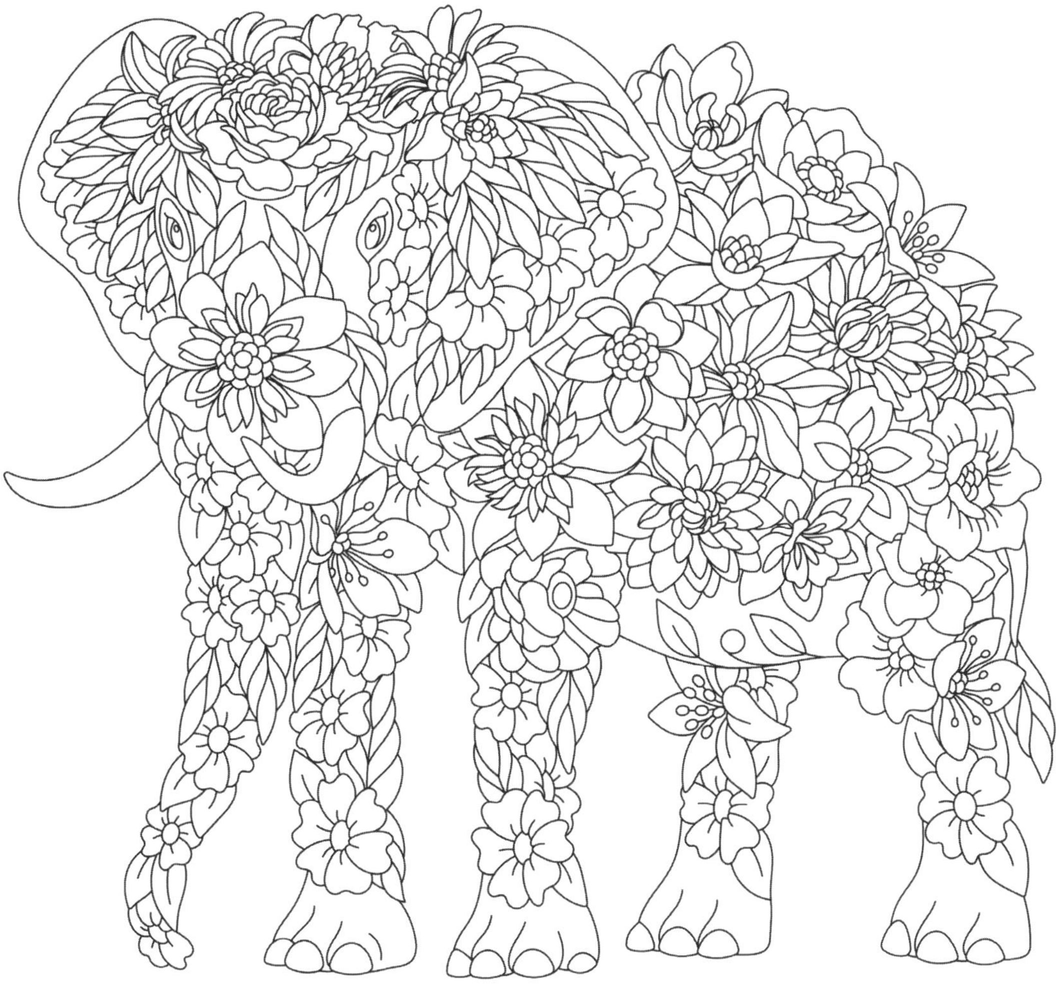

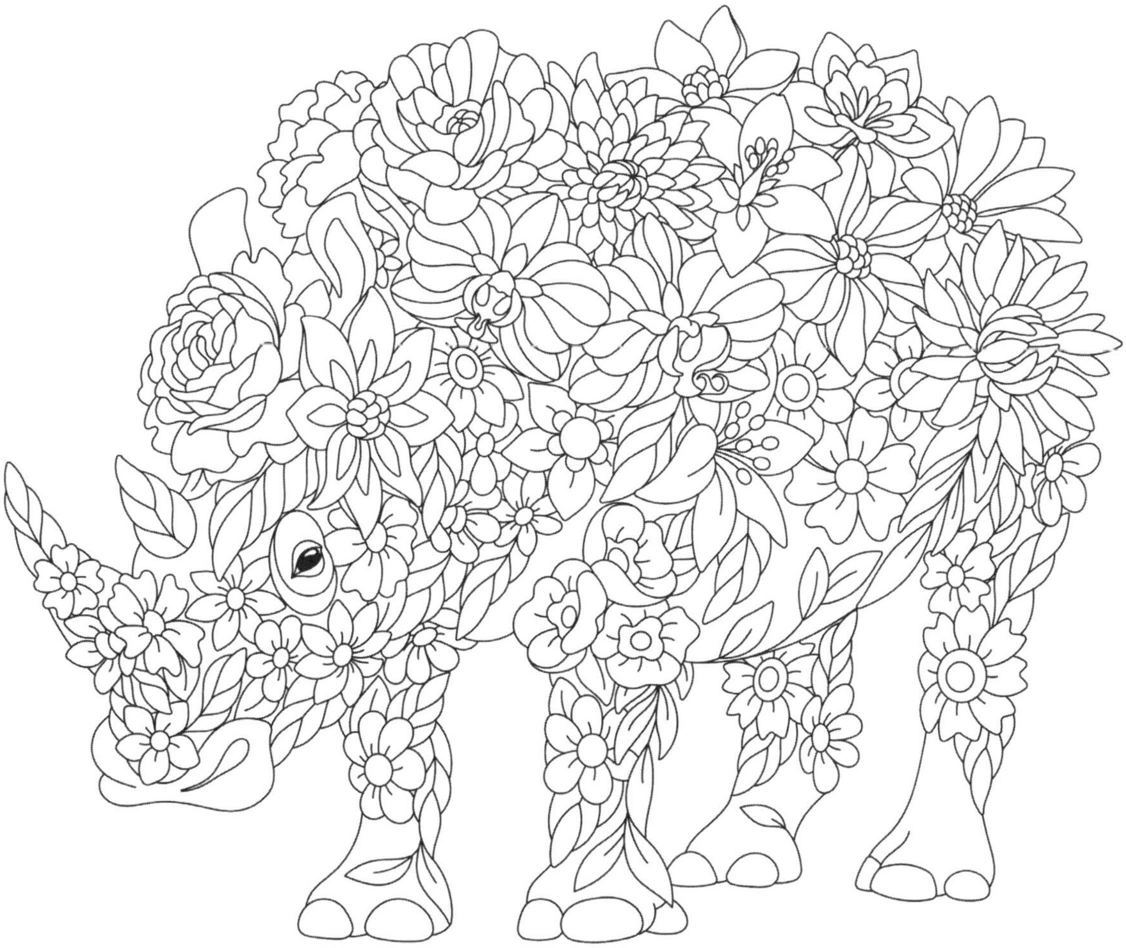

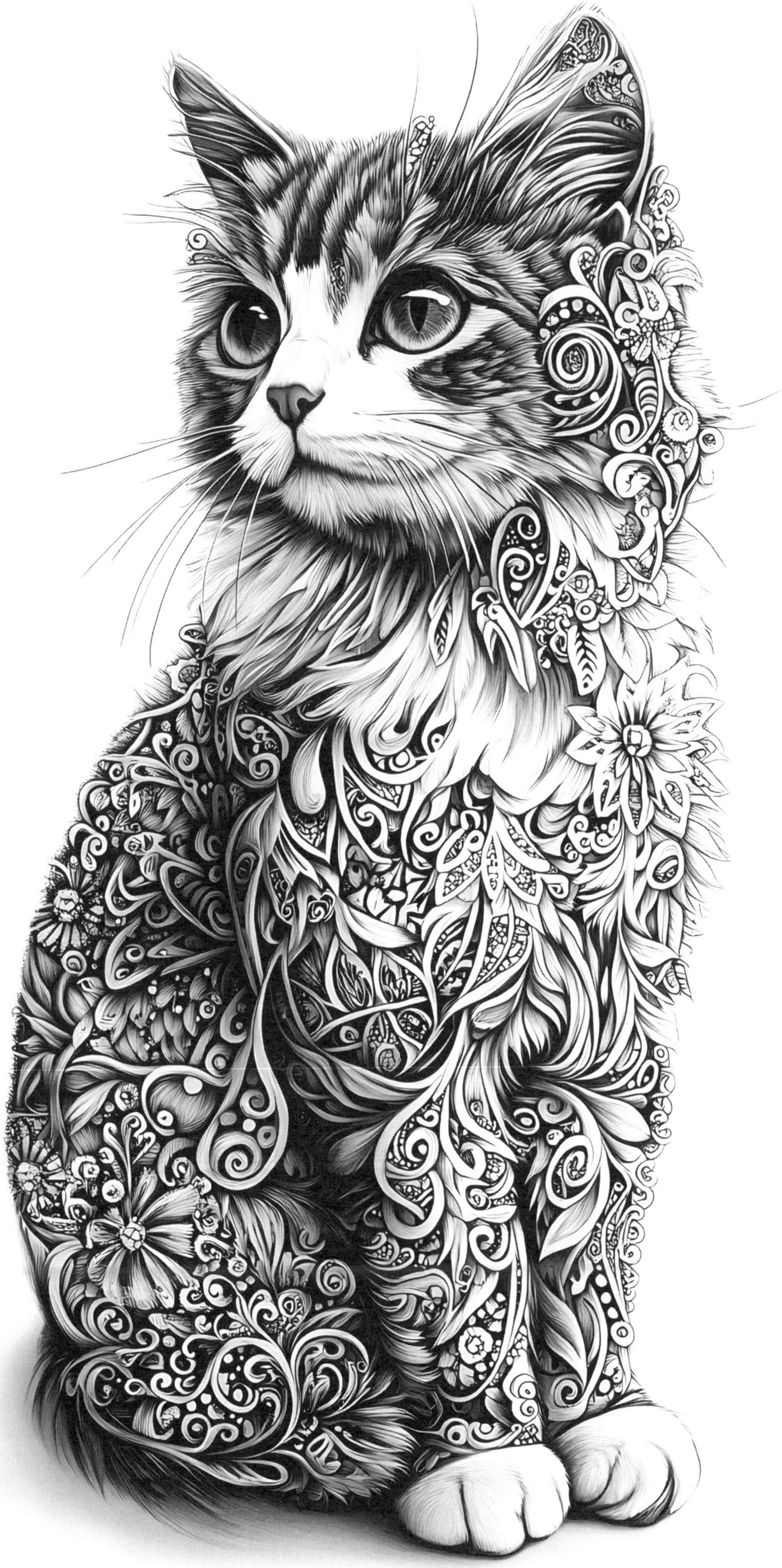

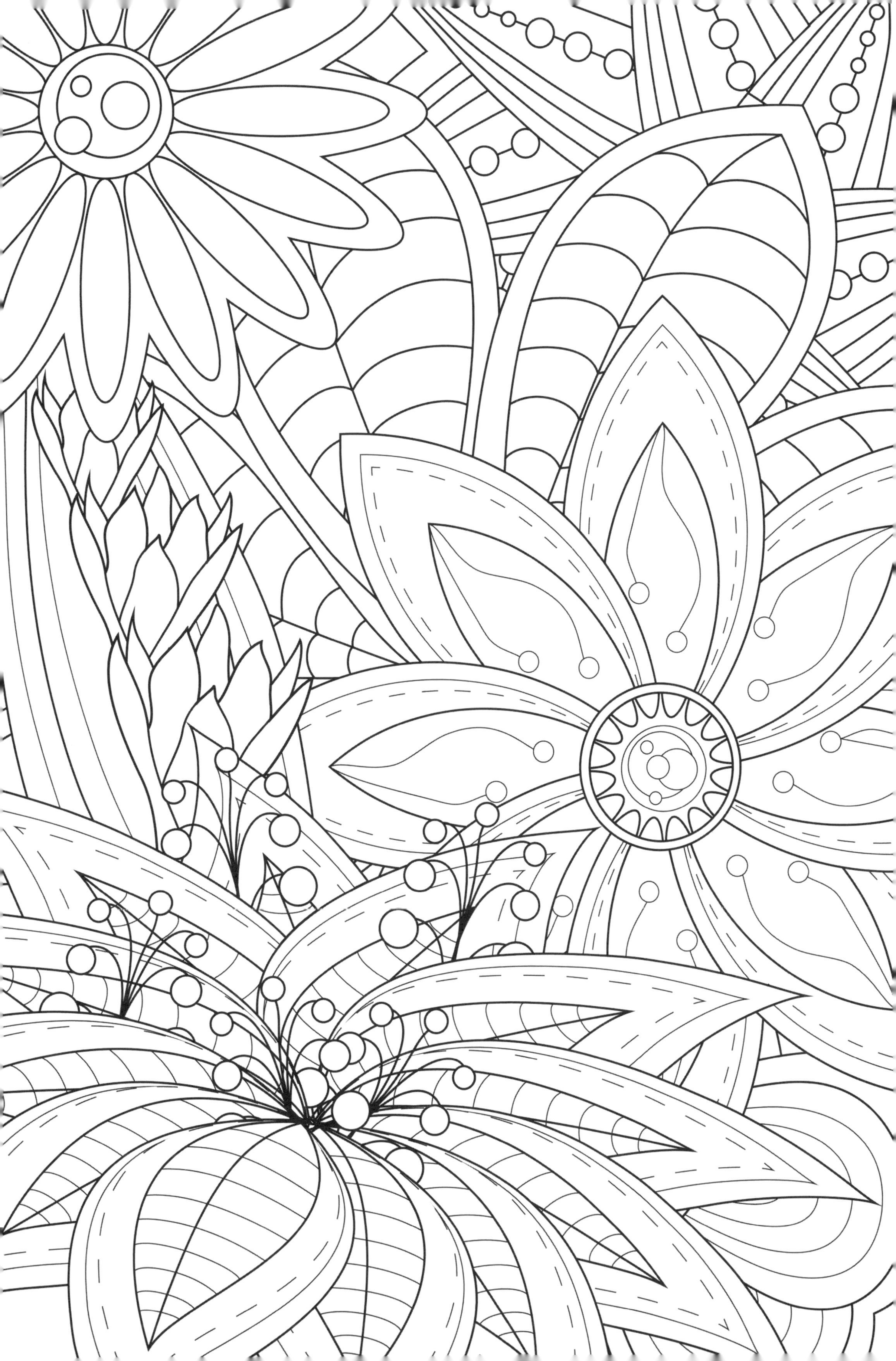

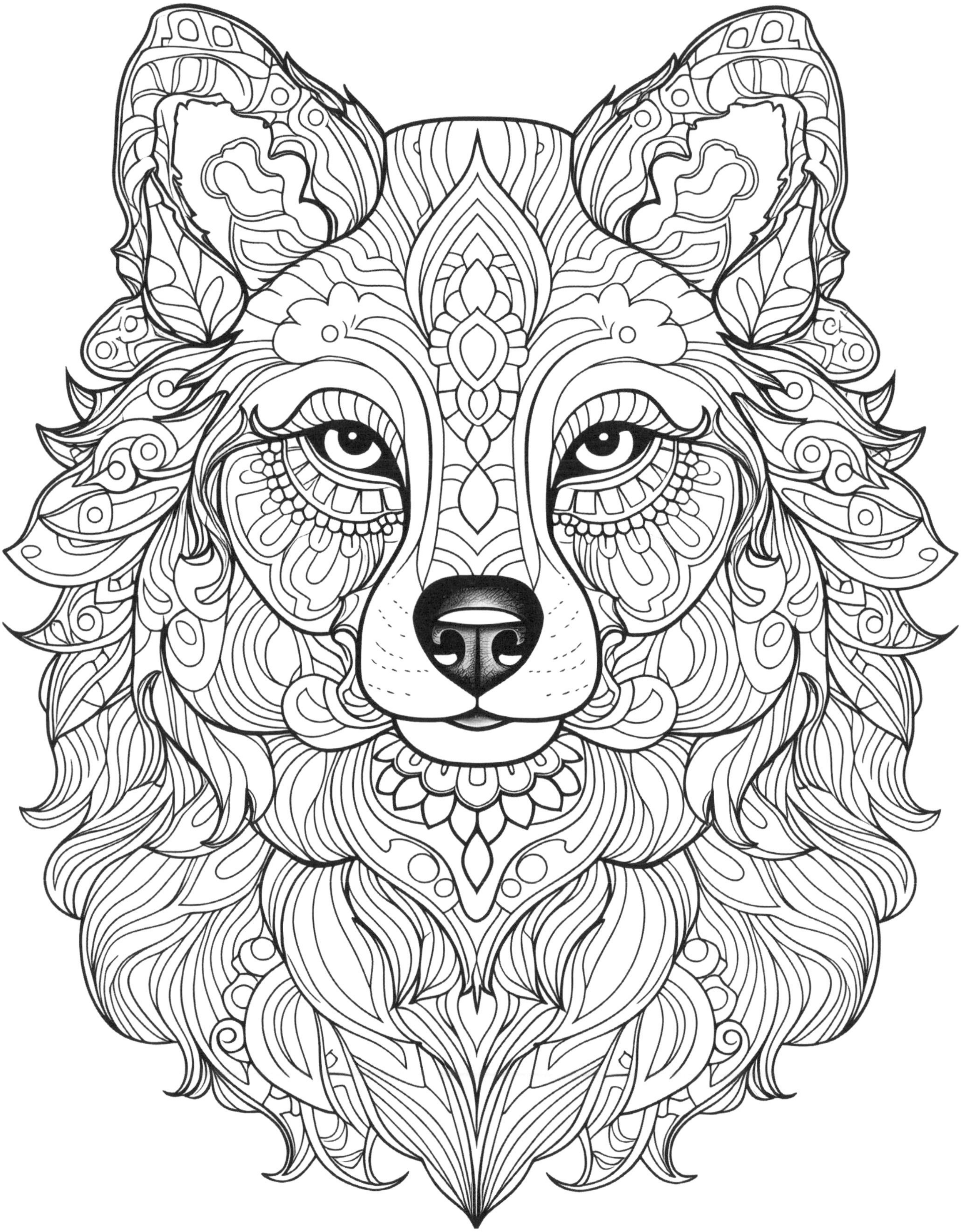

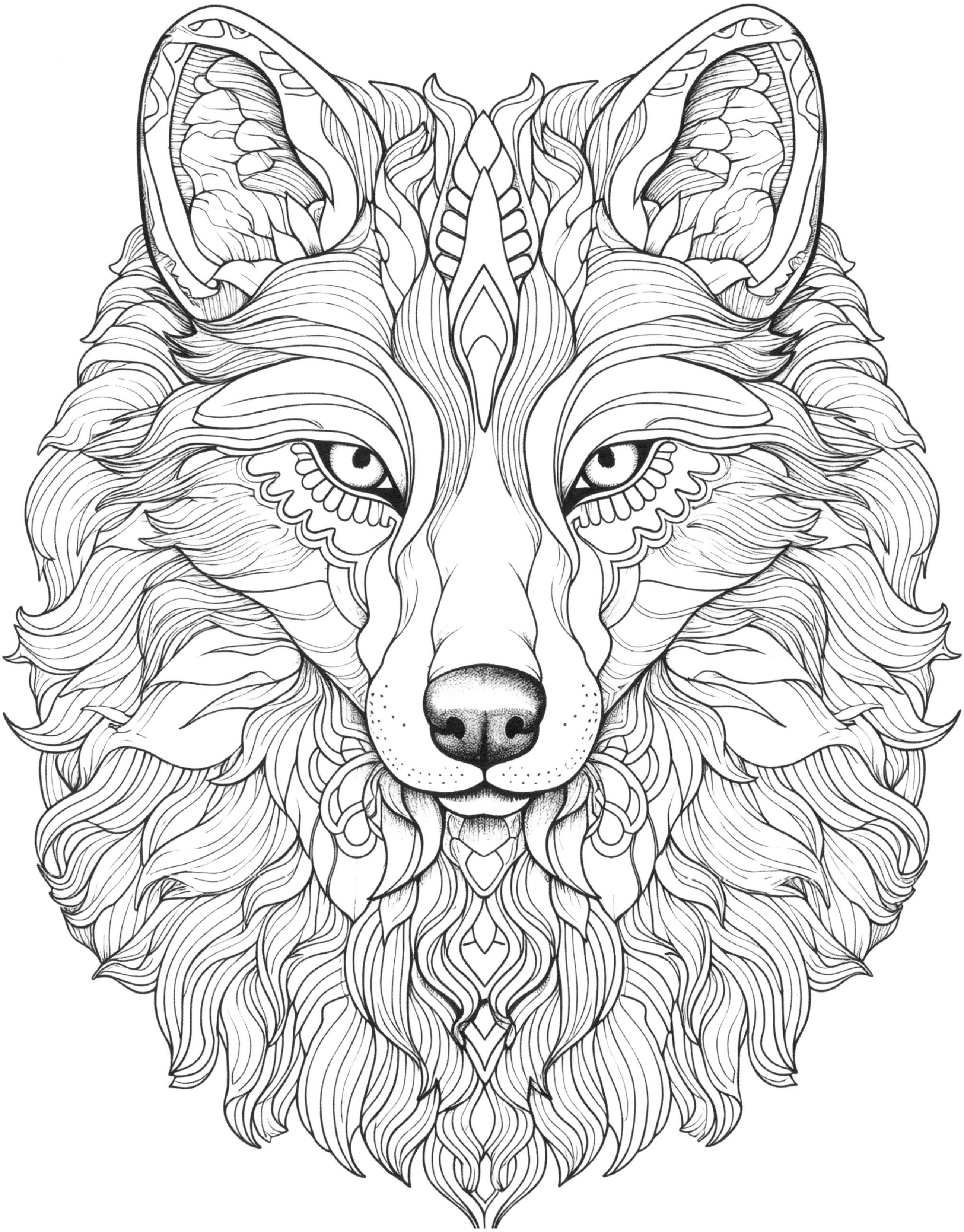

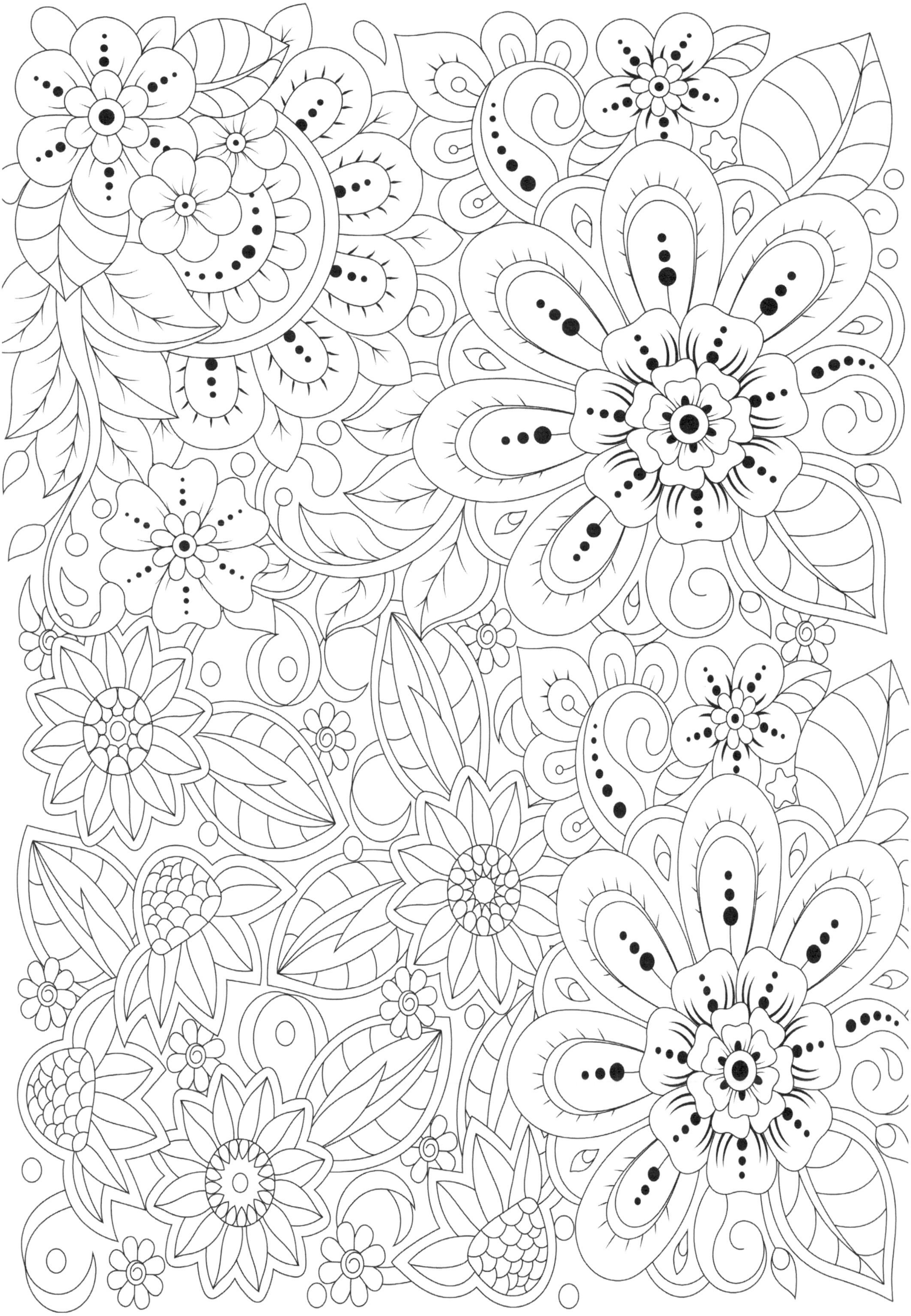

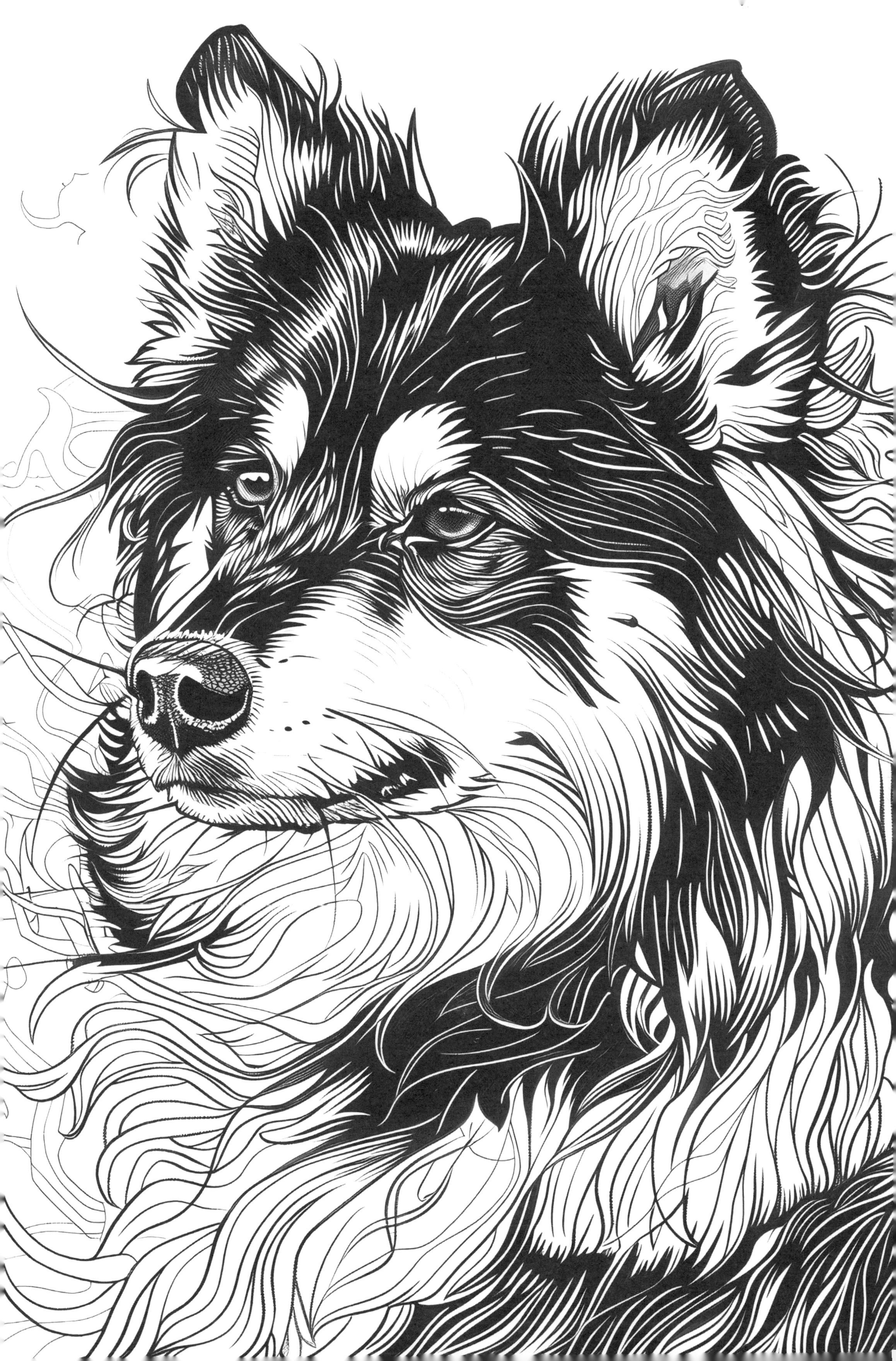

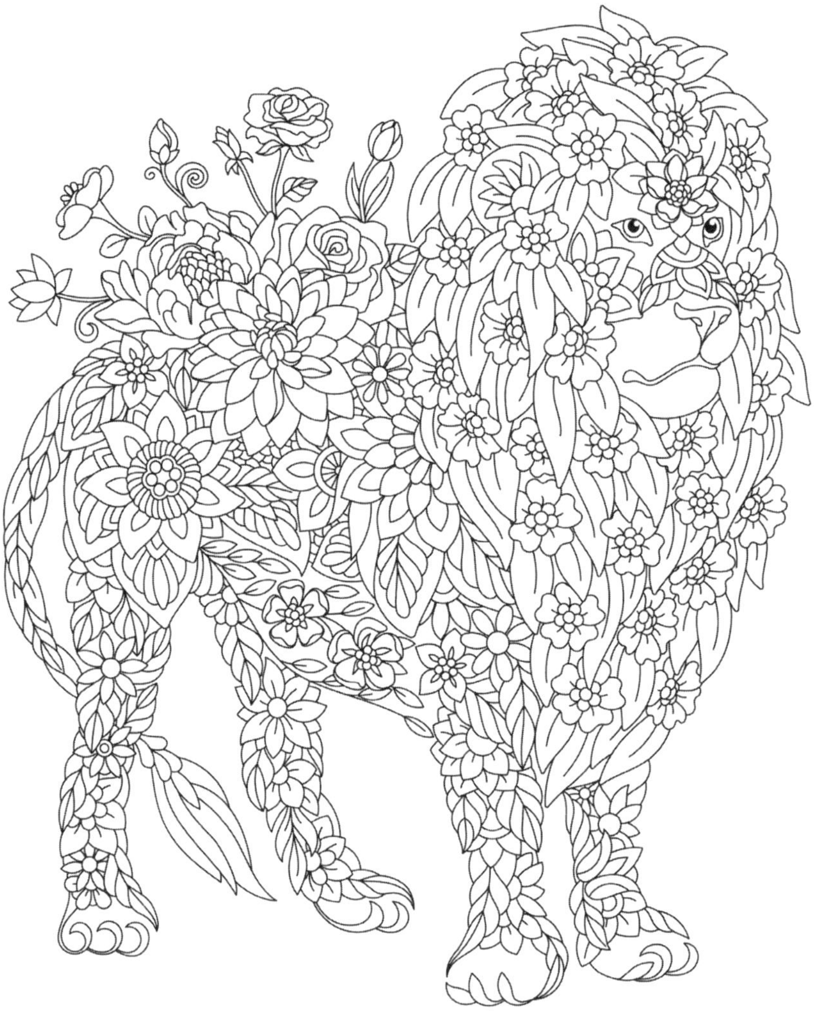

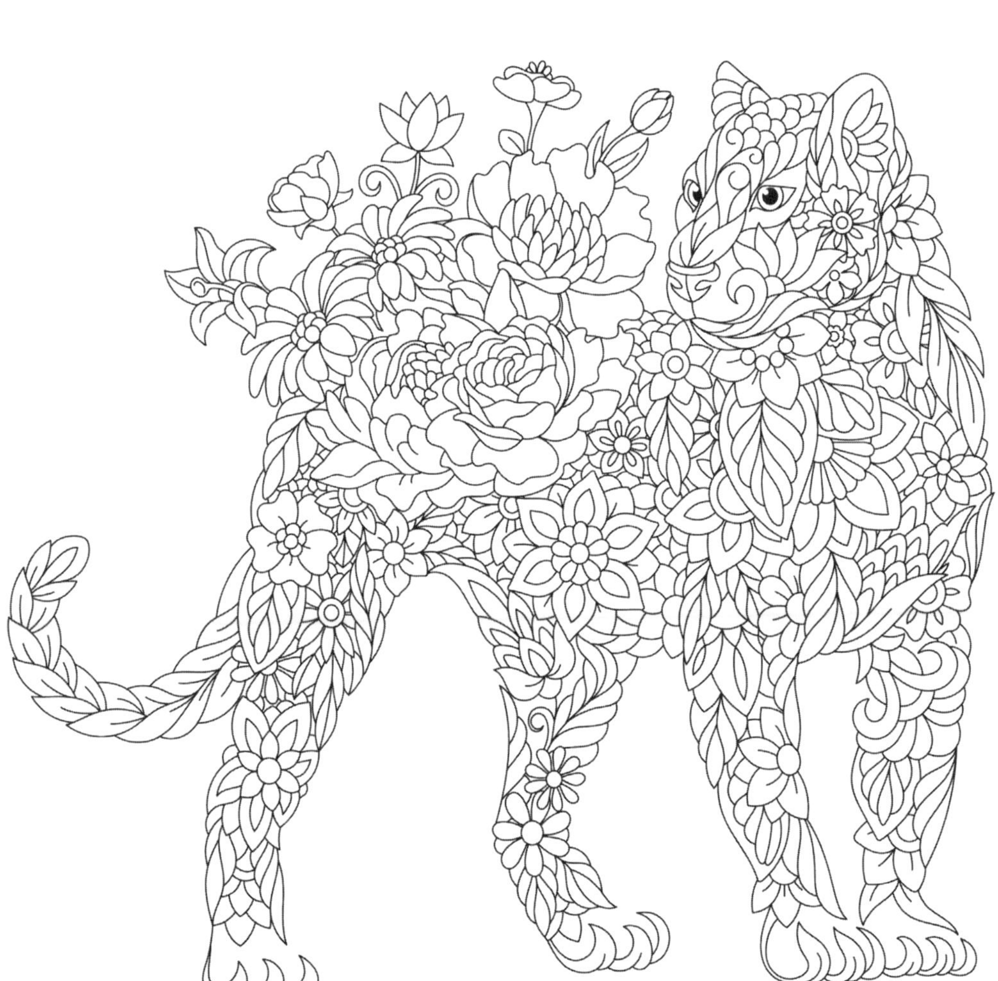

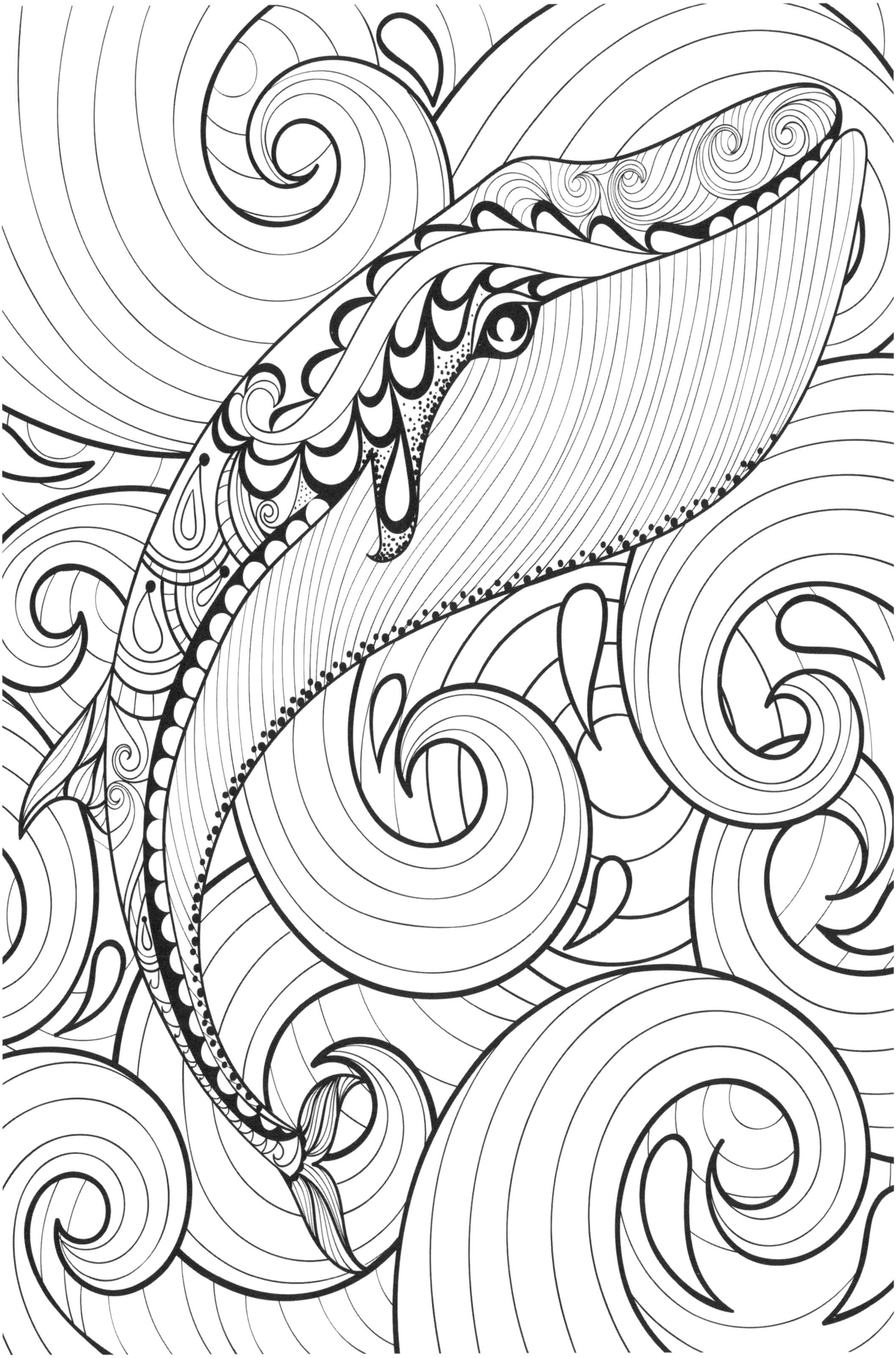

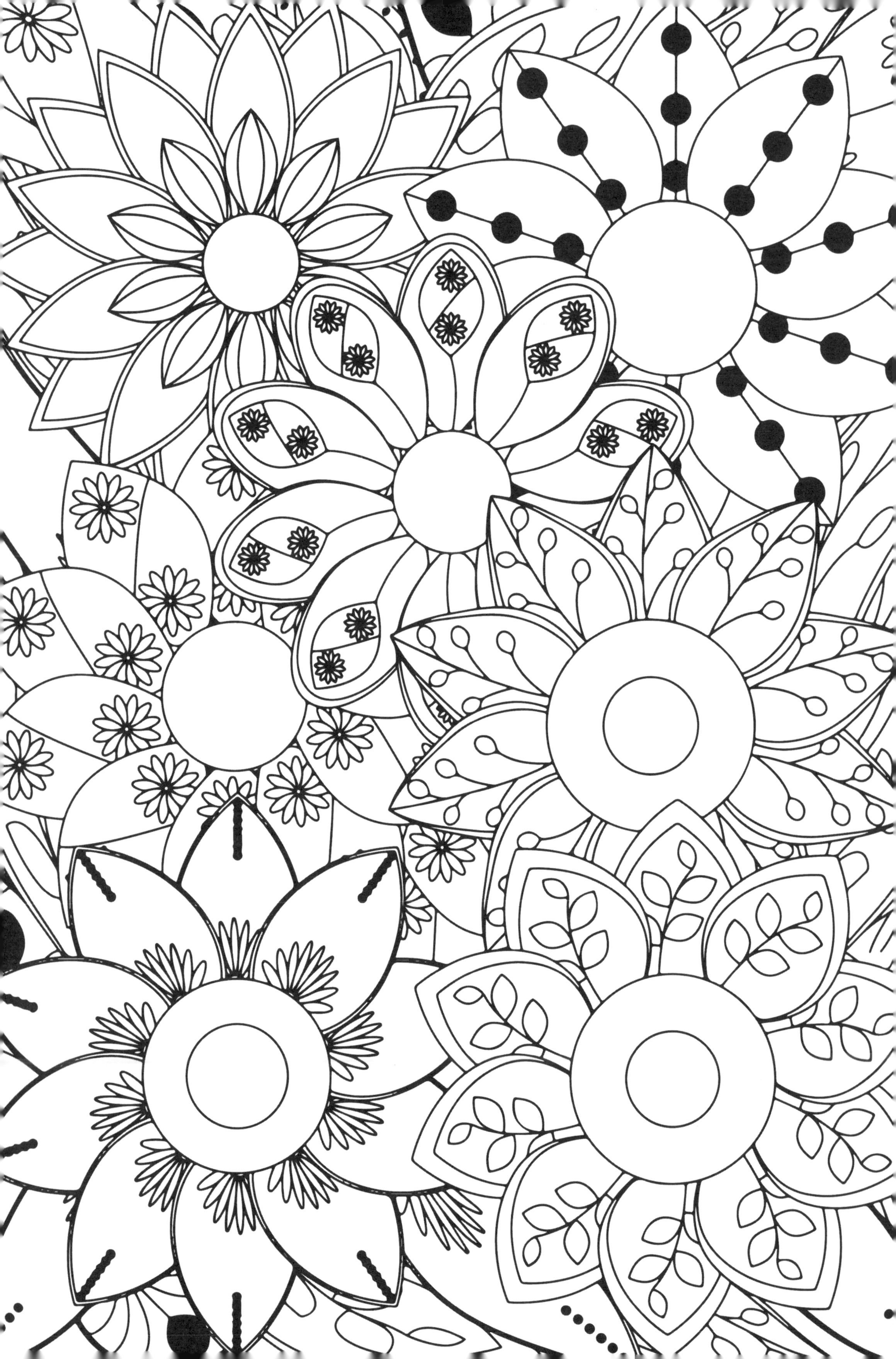

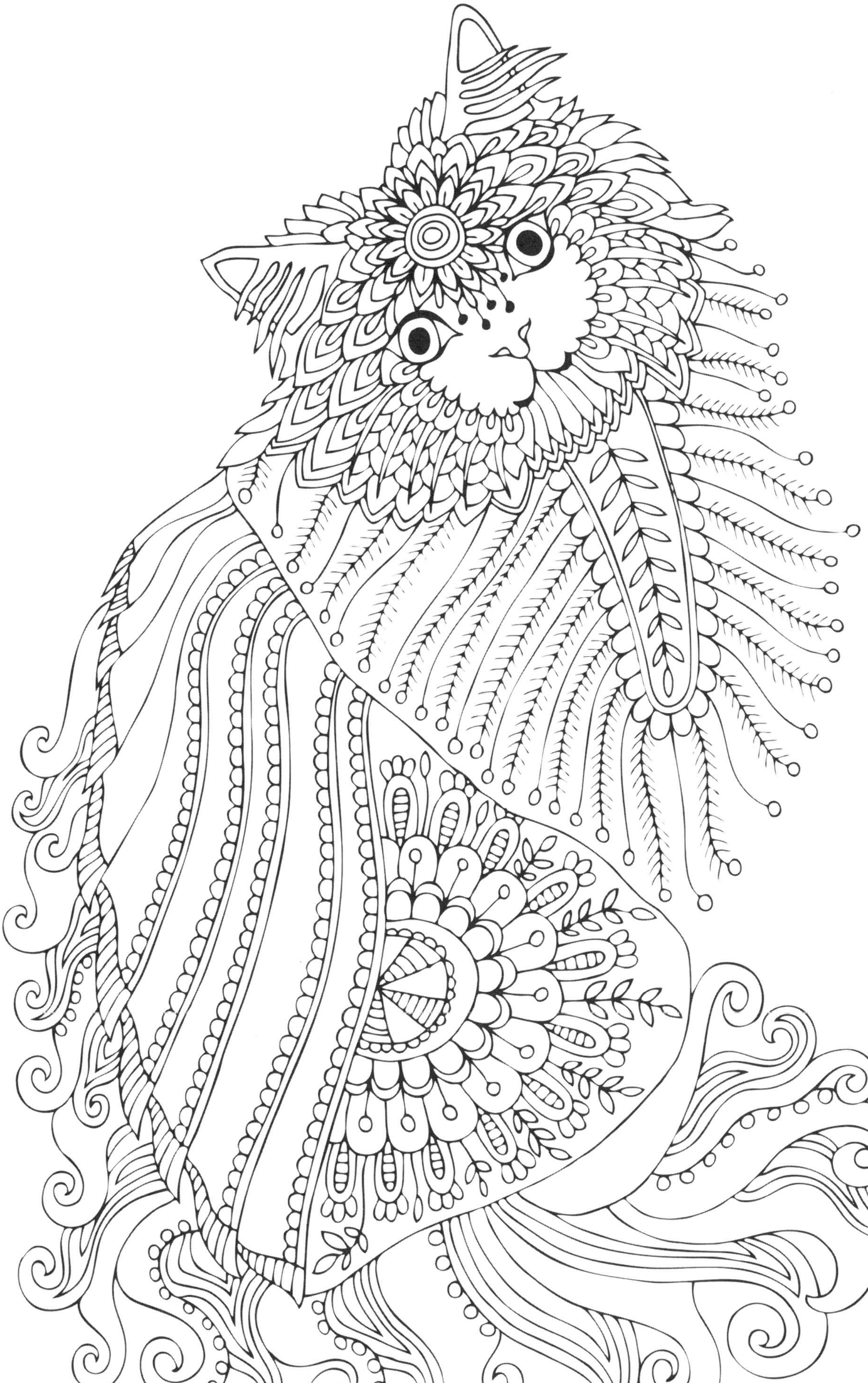

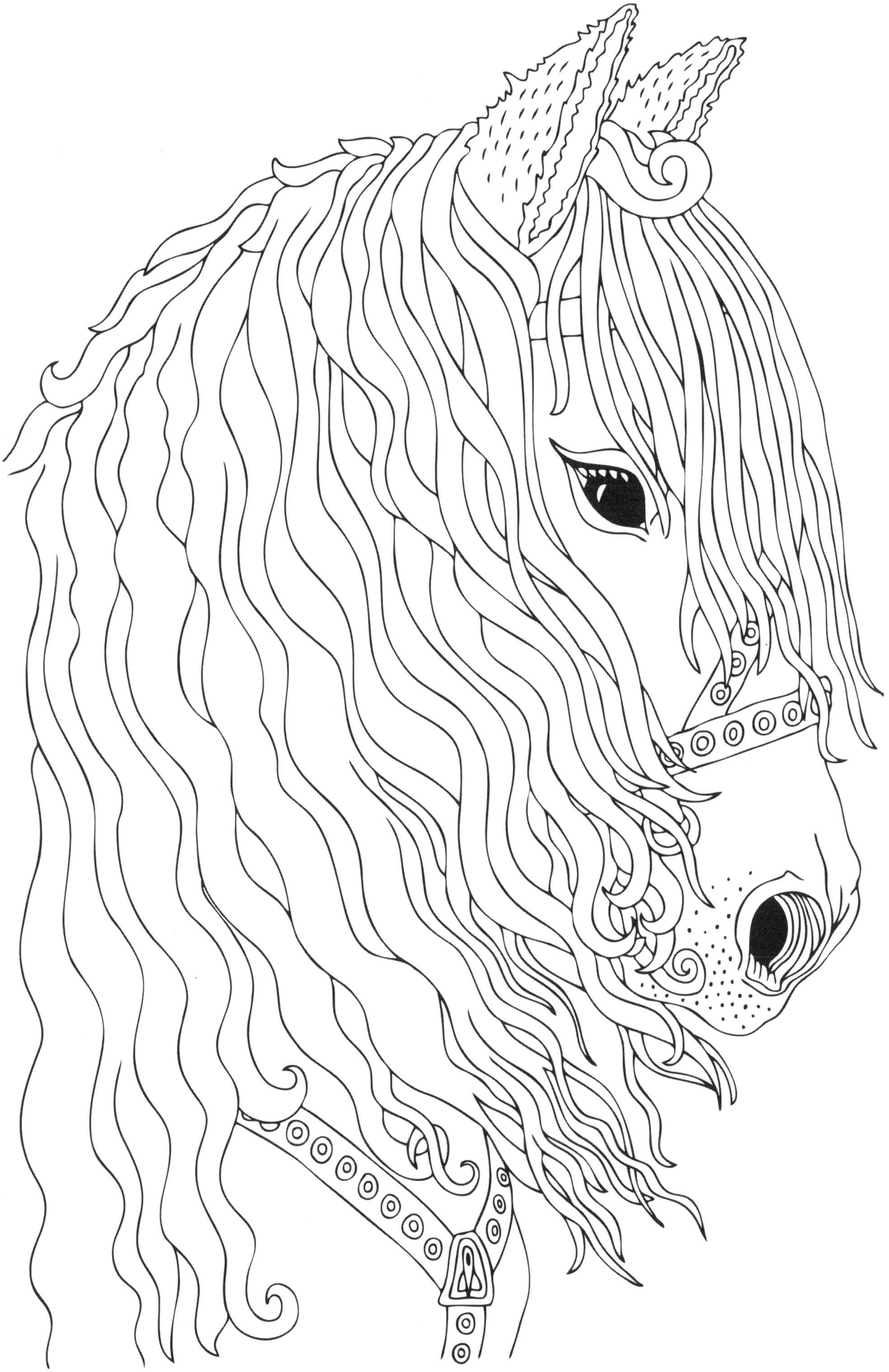